Volker und Berit Reinsch

ABENTEUER DEUTSCHLAND

mit dem Fahrrad vom nördlichsten zum südlichsten Punkt
Deutschlands

Volker und Berit Reinsch

Abenteuer
Deutschland

mit dem Fahrrad vom nördlichsten
zum südlichsten Punkt Deutschlands

Reise-Tagebuch

Bibliografische Information der Deutschen Nationalbibliothek: Die Deutsche Nationalbibliothek verzeichnet diese Publikation in der Deutschen Nationalbibliografie; detaillierte bibliografische Daten sind im Internet über http://dnb.dnb.de abrufbar.

© 2024 Volker und Berit Reinsch

Verlag: BoD · Books on Demand GmbH, In de Tarpen 42, 22848 Norderstedt, bod@bod.de

Druck: Libri Plureos GmbH, Friedensallee 273, 22763 Hamburg

ISBN: 978-3-7693-2368-9

In zwanzig Jahren wirst du eher darüber enttäuscht sein, was du nicht gemacht hast, als was du gemacht hast.

Hole den Anker ein und segle hinaus aus dem sicheren Hafen.

ERFAHRE, TRÄUME, ENTDECKE.

(Mark Twain)

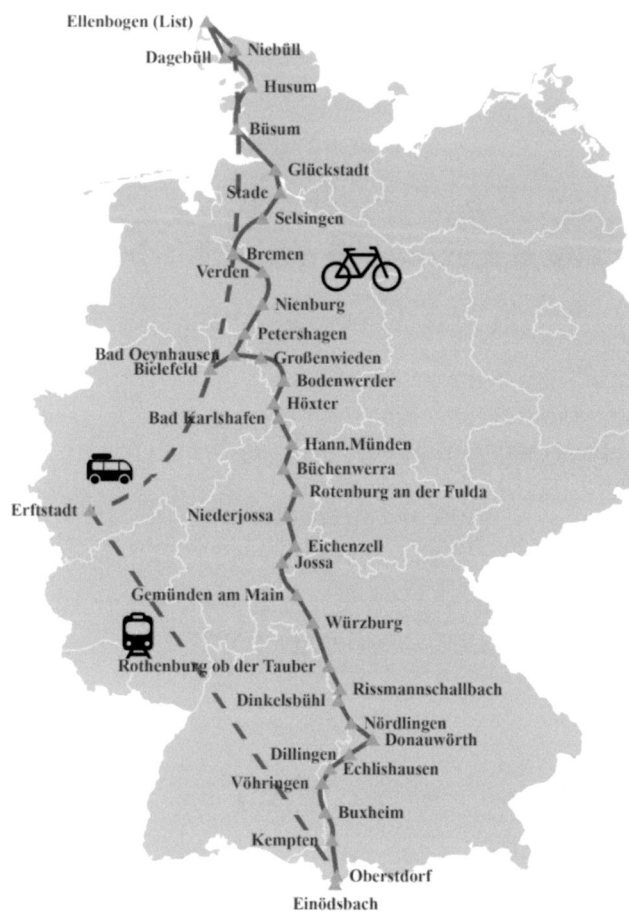

Ellenbogen (List)
Dagebüll   Niebüll
              Husum
              Büsum
                  Glückstadt
          Stade
              Selsingen
              Bremen
Verden
              Nienburg
              Petershagen
Bad Oeynhausen   Großenwieden
    Bielefeld   Bodenwerder
                  Höxter
    Bad Karlshafen
                  Hann.Münden
                  Büchenwerra
                  Rotenburg an der Fulda
Erftstadt   Niederjossa
                  Eichenzell
                Jossa
    Gemünden am Main
                  Würzburg
Rothenburg ob der Tauber
                      Rissmannschallbach
        Dinkelsbühl
                  Nördlingen
                  Donauwörth
            Dillingen
                  Echlishausen
        Vöhringen
                  Buxheim
        Kempten
                  Oberstdorf
    Einödsbach

INHALTSVERZEICHNIS

II

Prolog

„Du bekommst ein Geschwisterchen!" Nils verstand das Ausmaß dieses Satzes im Alter von knapp einem Jahr sicher nicht, aber unsere Aufregung schwappte auf jeden Fall auf ihn über. Den positiven Schwangerschaftstest vor der Nase, fingen wir aufgeregt an, zu überlegen, wie das Leben zu viert sein würde und schmiedeten Pläne für die Ankunft unseres zweiten Babys.

Kurz nach „wie wird das wohl...?" und „wie machen wir denn dieses.... oder jenes?" kam Volker ein Gedanke in den Kopf: „dann haben wir ja wieder zusammen Elternzeit!" rief er enthusiastisch.

Wir - das sind Berit und Volker mit unseren Kindern Nils und Johanna. Reisen ist unsere Leidenschaft, wir haben uns auf einer Reise kennengelernt – hoch oben über 2000m in den Stubaier Alpen. Das gemeinsame Reisen war seitdem fester Bestandteil unserer Beziehung.

„Das wird auch mit Kindern so bleiben!" war unser gegenseitiges Versprechen, als wir heirateten und der Wunsch nach einer Familie größer wurde. „Natürlich werden die Reisen anders werden. Sicher muss man langsamer und kindgerechter reisen." Aber das Reisen aufgeben, nur weil wir Kinder haben würden, wäre keinem von uns in den Sinn gekommen.

Unser erster Sohn Nils wurde das lebende Beispiel, dass man mit Kind nicht nur zuhause bleiben muss. In seinem ersten Lebensjahr war er bereits in .... verschiedenen Ländern gewesen. Und auch wenn ihn selbst das vielleicht nicht interessierte – wir machten die Erfahrung, dass Reisen mit Kind sehr unkompliziert sein kann. In der gemeinsamen Elternzeit nach seiner Geburt machten wir uns für zwei Monate auf nach Skandinavien. Dort verbrachten wir einen herrlichen Sommer in Schweden und Norwegen und eine wunderbare intensive Zeit als Familie zu dritt. Es war eine unvergessliche Zeit, nach der wir uns schworen, eine solche Reise bei einem weiteren Kind zu wiederholen, sollten wir das Glück haben, noch ein Kind zu bekommen.

Als sich Johanna ankündigte, ging also das große Pläneschmieden los. „Lass uns etwas machen, was man sonst in 4 Wochen Urlaub nicht schaffen kann." schlug Volker vor. „Ich wollte schon immer mal einen Fernwanderweg komplett gehen...". „Wochenlang wandern ist mit zwei kleinen Kindern vielleicht nicht das Richtige." überlegten wir. „Wie wäre es denn mit einer Radreise?" kam Volker auf die Idee. „Wir könnten doch den Rhein hinauf radeln. Als gebürtige

Kölner wäre das doch eine großartige Gelegenheit! Das wollte ich schon immer mal machen."

„Puh..." sagte ich. „Nichts gegen eine Radreise... aber immer am selben Fluss entlang? Das ist doch langweilig! Streckenweise ist der Rhein doch auch nicht so schön, oder?" Überzeugen konnte mich Volker von der Idee nicht.

Ein paar Tage später kam er strahlend von der Arbeit nach Hause. „Sag mal, was unsere Elternzeitreise betrifft... Weißt du noch, wie wir in unserer Zeit in Schweden abends mit meinen Eltern zusammengesessen und überlegt haben, was eigentlich der nördlichste und südlichste Punkt Europas ist?" Natürlich erinnerte ich mich an den Abend. Volkers Eltern hatten uns in der kleinen Holzhütte besucht, die wir in Schweden ein paar Wochen gemietet hatten. Nach einem leckeren Abendessen saßen wir noch gemütlich zusammen und diskutierten über dieses Thema. Interessant war, dass wir dort auf dem Land in der schwedischen Einsamkeit kein Internet oder Fernsehen hatten. So wurde diese Unterhaltung endlich mal zu einer regen Diskussion, da die Antwort auf die Frage nicht direkt im Smartphone nachgeschaut werden konnte.

„Ja klar!" antwortete ich. „Worauf willst du denn hinaus?". „Wie wäre es, wenn wir unsere Radreise in der Elternzeit in Deutschland machen: vom nördlichsten zum

11

südlichsten Punkt unserer Heimat!" Ich war sofort Feuer und Flamme. „Das klingt spannend! Wo genau befindet sich denn der nördlichste Punkt? Wo würden wir entlangfahren?" Tausend Fragen kamen auf - die nächsten Abende wurde geplant, recherchiert, überlegt und schließlich war die Idee geboren: „Wir fahren von Sylt ins Allgäu! Der nördlichste Punkt Deutschlands ist der Ellenbogen und liegt bei List auf Sylt. Der südlichste Punkt ist das Haldenwanger Eck, hinter Einödsbach südlich von Oberstdorf."

Unser zweites Kind war noch nicht geboren, da fingen wir schon an, die Idee in konkrete Formen zu fassen:

„Wo könnte die Route verlaufen?"

„Wäre es möglich, die Tour in zwei Monaten zu schaffen?"

„Wieviel Kilometer kann man mit zwei Kindern im Anhänger wohl am Tag fahren?"

„Anhänger??? Wir haben noch nicht mal Fahrräder!" rief ich mitten in unseren wildesten Planungen. „Das stimmt!" meinte Volker. „Wir müssen uns einen Berg an Ausrüstung besorgen."

„Allein so ein Fahrradanhänger ist doch wahnsinnig teuer. Ganz abgesehen von guten Fahrrädern... Wenn wir das alles kaufen müssen, könnten wir von dem Geld auch nach Kanada fliegen und mit dem Wohnmobil reisen..."

überlegte ich. Die Wohnmobiltour durch Kanada war unsere erste Idee für die Elternzeitreise gewesen, die wir dann aber aus finanziellen Gründen bald verworfen hatten. „Lass mich mal machen." Volkers Augen leuchteten. Durch seine Internetseite hatte er Kontakt zu vielen Firmen und Herstellern und hatte schon öfter Sponsoren für Ausrüstung gefunden. „Alles klar" willige ich ein. „Wenn du uns einen Fahrradanhänger für die Kinder besorgen kannst, dann machen wir unsere Tour durch Deutschland!"

Zwei Wochen später stand ein großes Paket vor der Tür: der Chariot – ein brandneuer Kinderanhänger fürs Fahrrad! Die Firma Thule war von unserer Idee so begeistert, dass sie spontan zugesagt hatten, uns den Kinderanhänger zur Verfügung zu stellen. Volker strahlte. „Jetzt gibt es kein Zurück mehr!" lachten wir. So wurde aus der verrückten Idee ein konkreter Plan: „Wir müssen von Nord nach Süd fahren, denn zum Haldenwanger Eck kommt man nicht mit dem Fahrrad. Das letzte Stück geht auf etwa 1900m Höhe in Berge. Da unsere Tour im Mai losgeht, könnte da noch Schnee liegen."

„Wir fahren nicht mehr als 2-3 Stunden am Tag, damit die Kinder nicht die Lust verlieren. Alle paar Tage sollten wir Pausentage einlegen!"

„Am besten planen wir die Strecke entlang der Flüsse. Dann vermeiden wir am besten unnötige Höhenmeter."

Wir recherchierten im Netz, kontaktierten andere Radreisende und ließen uns ihre Erfahrungen berichten. Wir sprachen mit Familien, die bereits mit Kindern auf dem Fahrrad gereist waren. Wir motivierten weitere Firmen, uns mit Ausrüstung zu unterstützen. Bald hatten wir bis auf die Räder die gesamte Ausrüstung zusammen. Die Fahrräder kauften wir selbst, aber auch der Händler war von unsrer Idee so begeistert, dass er den Gepäckanhänger noch kostenlos obendrauf legte. „Im Zelt zu übernachten, ist in der Jahreszeit mit den Kindern sicher keine gute Idee" überlegten wir. „Das Wetter ist zu unbeständig, außerdem müssten wir dann noch mehr Gepäck mitnehmen: Zelt, Isomatten, Schlafsäcke." „Lass uns nach Möglichkeit in Jugendherbergen übernachten. Die sind inzwischen perfekt auf Familien mit Kindern und auch auf Radreisende eingestellt." schlug Volker vor. Der Jugendherbergsverein schickte einen großzügigen Übernachtungsgutschein.

„Die Reise steht! Unser Baby kann kommen!" freuten wir uns.

Vorbereitungen

März 2015

Es sollten eigentlich einige Testfahrten stattfinden, um das Radfahren mit Kinderanhänger und Gepäck zu üben. Das Wetter machte uns allerdings oft einen Strich durch die Rechnung. Johanna wurde krank, so dass die geplante Wochenend-Fahrradtour mit Übernachtung ausfallen musste. Volker fuhr immerhin jeden regenfreien Tag mit dem Fahrrad zur Arbeit und absolvierte damit schon eine Trainingstrecke von 30km pro Tag. Eine kürzere Tour mit Gepäck und eine längere ohne Gepäck in der Umgebung schafften wir aber immerhin. Nils hatte Spaß beim Fahren im Anhänger und Johanna meckerte auch nicht, obwohl sie mit ihren 9 Monaten noch nicht wirklich ihre Meinung kundtun konnte. Da sie aber beim leichten Ruckeln im Anhänger sofort einschlief, konnte es so unbequem nicht sein. Als sie aufwachte, schaute auch sie interessiert in die vorbeiziehende Landschaft. Eine Fahrtzeit von 1,5 – 2 Stunden machten die Kinder ohne Probleme mit.

April 2015

Unsere Ausrüstungsliste war jetzt komplett abgehakt: die letzten Gegenstände, die wir noch benötigten, hatten wir besorgt und ein Probepacken konnte losgehen. Am Wochenende wollten wir eine erste Testfahrt mit vollem Gepäck durchführen. Wir waren beide etwas aufgeregt: schließlich würden wir mindestens 60kg über 1000km durch das Land fahren müssen.

Komplette Ausrüstung für die gesamte Reise

05. April 2015 – Testfahrt:
Tagesetappe 23,7 Kilometer entlang der Erft
Dauer: 1h 40 min

Volker: Heute haben wir unsere über Wochen gesammelte Ausrüstung geprüft und auf die Radtaschen verteilt. Eine kleine Probetour von ca. 20 Kilometern wollten wir an diesem schönen Osterwochenende noch mit vollem Gepäck hinter uns bringen. Wirklich Trainieren konnten wir bisher für die Reise leider nicht, daher wollten wir wenigstens eine Tour mit vollem Gepäck unterwegs sein. Zum Glück schien den ganzen Ostersonntag bei warmen 15 Grad die Sonne. Während des Mittagsschlafes der Kinder haben wir die gesamte Ausrüstung auf der Terrasse ausgelegt.

Fangen wir mit Volkers Rad an: Als erstes ist da die Outdoorküche, der Gaskocher mit Töpfen, Tellern, Plastikbechern und Besteck. Natürlich dürfen ein paar Gewürze nicht fehlen. Insgesamt bringt die Küche ganze 5 Kilogramm auf die Waage. In dem anderen Back Roller kommt das elektronische Equipment mit iPAD, Bluetooth Tastatur, Kabel, Akkus, SD-Karten, Go Pro Helmkamera und dem Fotoapparat unter. Da wir uns gegen ein Navigationsgerät entschieden hatten, kommt in die Tasche noch das Kartenmaterial. Alles zusammen macht in Summe 3,4 Kilogramm. Auf dem Gepäckträger befindet sich ein Rack-Pack mit meiner Kleidung für die nächsten zwei Monate. Ganze 4 Kilogramm habe ich zur Verfügung - das ist nicht wirklich viel. Da wir unterwegs aber immer die Möglichkeit haben werden, zu waschen, sollte das kein Problem sein. An meinem Fahrrad hängt der Kinderanhänger, der gute 10 Kilogramm auf die Waage bringt. Inklusive der beiden Kinder werde ich gute 35 Kilogramm zu ziehen haben.

Somit habe ich – neben meinem Gewicht dem des Fahrrads - zusätzlich knapp 50 Gepäck haben. Das werde ich wohl bei jeder Steigung merken.

Berits Rad wird mit zwei Back-Rollern beladen und einem Rack-Pack. Im Rack-Pack befindet sich Berits Kleidung und ihr persönlicher Bedarf, was Kosmetik und Bücher betrifft. Die Tasche bringt am Ende 5 Kilogramm auf die Waage. In den beiden Seitentaschen finden sich zum einen die 1.-Hilfe-Tasche, Medikamente usw. (2,5 Kilogramm) und auf der anderen Seite eine Tasche mit Werkzeug, Ersatzschläuchen und weiterem Fahrradmaterial, was ganze 4 Kilogramm wiegt.

Im Bob-Yak Anhänger wird die gesamte Ausrüstung der Kinder eingeladen – am Ende ist die Tasche 11 Kilogramm schwer und Berit hat in Summe - neben ihrem Eigengewicht und dem Rad - 22,5 Kilogramm zu ziehen.

Am frühen Nachmittag konnte unsere erste richtige und voll bepackte Testfahrt losgehen. Der Himmel war bewölkt und es kommt etwas Wind auf. „Ist doch ok!" rief ich. „Da haben wir doch recht realistische Bedingungen für unsere erste Fahrt mit dem gesamten Gepäck." Der Weg führte uns an der Erft entlang. Der insgesamt 107 Kilometer lange Fluss, der in Nettersheim in der Eifel entspringt und in den Rhein mündet, führte direkt vor unserer Haustür entlang. Der Radweg war hier allerdings eine Enttäuschung: ein alter Feldweg mit tiefen Löchern führte uns 10 Kilometer am rechten Ufer entlang. „Hoffentlich haben wir auf unserer Reise nicht allzu viele solcher Wege!" stöhnte Berit hinter mir.

Kurz darauf hatten wir den ersten technischen Defekt: An Berits Rad sprang beim Schalten die Kette raus. „Das ist aber kein gutes Omen!" brummte ich. Die Kette war jedoch schnell repariert und unsere Test-Tour konnte weiter gehen. Über Feldwege fuhren wir bei stetigem Gegenwind wieder Richtung Heimat. Nach 1,5 Stunden fing auch Nils an zu quengeln: "Papa, ich will aussteigen!" hörte ich immer und immer wieder auf den letzten Kilometern. Nur das Versprechen, am Ende der Fahrt eine Eisdiele zu besuchen, konnte Nils überzeugen und wir konnten in Ruhe zurückfahren. „Ich habe die leise Vorahnung, dass es auf unserer Tour viel Eis geben wird!" lachte Berit.

Ein paar wichtige Erkenntnisse konnten wir aus der kleinen Testfahrt auf jeden Fall ziehen: Zum einem funktionierte die Fahrt mit dem gesamten Gepäck sehr gut - nur an der Gewichtsverteilung in den Taschen würden wir noch ein paar Kleinigkeiten anpassen müssen. Zum anderen würden wir - wie geplant – nach Möglichkeit den größten Teil der Tagesetappe am Vormittag fahren, wenn die Kinder schlafen würden. Nach einer ausgiebigen Mittagspause würden wir am Nachmittag nur noch maximal 10-15 Kilometer fahren. Die Ankunft in den Übernachtungsstätten sollte möglichst am frühen Nachmittag erfolgen.

Unser Abenteuer Deutschland beginnt

Freiheit

27. April: Erftstadt – Niebüll

Volker: Pünktlich um 06:30 Uhr stand ich am Europcar Schalter in Terminal 2 am Kölner Flughafen. "Ich möchte gern einen Wagen abholen, mit Kindersitzen und Fahrradgepäckträger" sagte ich. Die Dame sah mich verdutzt an und erwiderte "Einen Fahrradgepäckträger? Ich arbeite seit 7 Jahren hier; so etwas haben wir noch nie gehabt". Mein Puls raste und stieg unaufhaltsam. Ich erklärte ihr, dass wir uns die Buchung sicherheitshalber drei Mal haben bestätigen lassen und dass wir eine schriftliche Zusage über einen Leihwagen mit Fahrradanhänger und Kindersitzen hätten. „Das tut mir leid, aber einen Fahrrad-Gepäckträger haben wir tatsächlich nicht!". Die Dame ging ins Hinterzimmer und holte die Teamleiterin. Freundlich erklärte ich auch ihr die Situation. „Hören Sie, wir starten heute unsere lang geplante Fahrradtour mit der gesamten Familie. Wir werden über 1.200 Kilometer mit dem Fahrrad durch ganz Deutschland fahren. Die Übernachtungen sind bereits alle gebucht. Lassen Sie mich kurz überlegen: das sind mindestens 60

Übernachtungen...". In ihrem Gesicht breiteten sich schon dicke Sorgenfalten aus. Jetzt konnte ich zu meinem letzten Schachzug ausholen: „Sollte aufgrund eines Fehlers von Europcar der Start verschoben werden müssen, müssten wir Ihnen alle Stornokosten in Rechnung stellen...". Ich merkte, dass ihr die Situation peinlich war und sie wirklich bemüht war, eine Lösung zu finden.

„Warten Sie... ich könnte Ihnen einen Audi A6 als Kombi anbieten." Ich freute mich über ihre Hilfsbereitschaft, musste allerdings ablehnen, da in diesen Kombi niemals unsere Räder, das gesamte Gepäck und die Kinder hinein-passen würden.

Unsere Reise machte sie neugierig. „Großartig, wenn junge Leute heute noch so flexibel sind und eine solche Reise unternehmen." meinte sie. „Als meine Tochter 9 Mo-nate alt war, waren wir mit ihr in Namibia unterwegs." Plötzlich kam ihr eine Idee: „Wir haben noch einen Opel VI-VARO. Der ist doch sehr lang." „Das könnte funktionie-ren..." dachte ich mir und wir liefen gemeinsam ins Parkhaus, um uns den Wagen anzusehen. Tatsächlich: wenn man die zweite Rückbank ausbaute, könnte der Platz für die Räder reichen. Ein Kollege von Europcar baute mit mir den Wagen um und ich fuhr hoffnungsvoll wieder nach Hause. Das könnte funktionieren!

Nachdem ich mich durch den Kölner Berufsverkehr gequält hatte, packte ich zu Hause den Wagen. Ich hatte Glück: es funktionierte sogar besser, als es vermutlich mit dem eigentlich gebuchten Wagen funktioniert hätte. Ich konnte die Räder einfach in den Wagen hineinstellen und auch die Kinder würden bequem in ihren Kindersitzen Platz finden.

Berit und die Kinder waren am Vortag mit der Eisenbahn nach Bielefeld zu Berits Eltern gefahren und hatten so schon mal einen Teil der Strecke nach Norden hinter sich gebracht. Mein erster Weg führte also in die Stadt, die es eigentlich gar nicht gibt. Ein leckeres Mittagessen gab es aber auf jeden Fall und wir vier konnten gestärkt den Weg nach Niebüll angehen. Je weiter wir nach Norden kamen, umso schöner wurde das Wetter und sogar die Sonne ließ sich blicken.

Am frühen Abend waren wir da: unsere erste Übernachtung fand in der Jugendherberge Niebüll statt. Pünktlich zum Abendessen bezogen wir unser Zimmer und freuten uns über die wirklich perfekte familienfreundliche Herberge. Wir kamen direkt mit Sabrina, der Jugendherbergsleiterin ins Gespräch. Sie erzählte uns voller Begeisterung von ihrer Arbeit in der Herberge. Ganze 4 Jahre machte sie das schon. Mit ihrem Mann und der kleinen Tochter hatten sie in der Herberge eine schöne Wohnung. „Unsere Tochter hat immer viele andere Kinder zum Spielen hier. Das ist für sie wunderschön." Sie erzählte auch von ihrer Arbeit mit körperlich beeinträchtigten Menschen: „Die kommen gerne, da wir hier vier rollstuhlgerechte Zimmer haben."

„Im September 2013 haben wir mit vielen ehrenamtlichen Helfern ein großes Musikkonzert organisiert. Über 2000 Menschen feierten den ganzen Tag auf der Wiese vor der Herberge ein großes Fest."

„Ich muss noch den Wagen wieder abgeben!" fiel mir ein. Berit und die Kinder amüsierten sich in dem schönen Kinderspielraum, so dass ich die Gelegenheit ergriff, den Leihwagen wegzubringen. Nils war voll in seinem Element, denn er hatte die Kinderküche entdeckt und zog schon begeistert mit Kochhandschuhen und Schürze den Topf auf den Herd.

Als ich zurückkam, überkam uns das erste Mal das Gefühl von Freiheit. „Jetzt sind wir hier ganz oben in Deutschland. Kein Auto mehr, nur noch wir, die Fahrräder und unser weniges Gepäck!" lachte Berit. „Und dieses Gefühl von Unendlichkeit. Wir wissen nicht, was uns wirklich erwartet und wir haben zwei Monate Zeit. Das Ende kann man noch gar nicht absehen! Wahnsinn!" fügte ich hinzu.

Zur größten Sandkiste
Deutschlands

28. Mai: Niebüll - List
Etappe: 22,8km
Fahrtzeit: 1h 34min

Berit: Was für ein Start!!! Die Sonne kroch langsam hinter dem Deich hervor und wir wachten gut ausgeruht in der Jugendherberge in Niebüll auf. Nicht nur Volker und ich hatten gut geschlafen - die Kinder ebenso. Jetzt konnte es endlich losgehen! Während die Kinder sich noch im Spieleraum austoben konnten, hatte Volker die Räder schnell gepackt. Noch ein nettes Pläuschchen mit der Herbergsleiterin, ein paar warme Worte für unsere Reise und das Versprechen, aus dem Allgäu eine Karte zu schicken und schon saßen wir im Sattel. Bereits auf dem kleinen Stückchen, das wir zum Bahnhof zurücklegen mussten, waren die Kinder im Anhänger eingeschlafen. Dies kam uns ganz gelegen, denn am Bahnhof in Niebüll hatten wir noch eine kleine logistische Meisterleistung zu bewältigen. Fahrräder samt Anhänger mussten über zwei Aufzüge auf ein anderes Gleis gebracht werden. Allerdings mit der Schwierigkeit, dass nicht alles auf einmal in den Aufzug passte und die Räder von den Anhängern abmontiert werden mussten. Da waren wir schon dankbar, dass die Kinder nicht auch noch um uns herumsprangen und im Anhänger schlafend von nichts etwas mitbekamen.

Pünktlich zur Zugfahrt über den Damm waren sie aber wieder voll da und die Aufregung war groß! "Mama, da ist Wasser!" rief Nils begeistert als der Zug über den Damm nach Sylt rollte. "Wo ist die große Sandkiste?" Das hatten wir ihm versprochen - dass er die größte Sandkiste Deutschlands sehen würde!

Eine Schrecksekunde mussten wir jedoch überstehen: als die Bahn stark bremste, fiel Nils vom Sitz herunter und schlug mit dem Kopf auf dem Boden auf. Zum Glück war nichts passiert und die Tränen nach ein paar tröstenden Gummibärchen schnell getrocknet.

„Halt mich gut fest!" rief Nils ab da bei jeder Einfahrt in den Bahnhof. In Westerland stiegen wir aus und freuten uns darüber, dass wir direkt vom Gleis in die Stadt fahren konnten und keine Umbauaktion der Fahrräder über die Aufzüge machen mussten.

Weder Volker noch ich waren bisher auf Sylt gewesen und wir freuten uns auf die besondere Insel. Viel gehört hatten wir schon, aber wir freuten uns auf unsere eigenen Eindrücke. Bekannt ist die nördlichste deutsche Insel vor allem für ihre touristisch bedeutenden Kurorte Westerland, Kampen und Wenningstedt sowie für den knapp

40 Kilometer langen Weststrand. Mit seinen 99,2 Quadratkilometern ist Sylt die viertgrößte Insel Deutschlands. Also ging es los auf den Radweg Richtung List, unserem heutigen Tagesziel. 22 Kilometer durch die Dünen bei wunderschönem Seewetter mit Sonne und einzelnen Wolken und - zum Glück - nur ganz wenig Wind. Wir beide wurden von Glücksgefühlen überwältigt. Über ein Jahr hatten wir diese Reise geplant und am Ende doch lange gezittert, ob sie überhaupt stattfinden konnte, und nun waren wir hier: bei traumhaftem Wetter und einzigartiger Landschaft auf dem Weg zum Start unserer eigentlichen Tour: dem nördlichsten Punkt Deutschlands: der Ellenbogen von Sylt.

Bei Kampen zeigten die Hinweisschilder auf die "Uwe Düne". „Das ist die höchste Erhebung von Sylt!" erklärte Volker. „Ein bisschen anders als in den Alpen... gut 52 Meter reichen hier schon, um der höchste Punkt der Insel zu sein." lachte er. Die Dünenlandschaft der Insel ist geschätzte 3.000 Jahre ist alt und den Kräften der Natur unterworfen: die Wanderdünen bewegen sich unter der Regie des Windes langsam, aber stetig über die Insel. Als Schutz für die Insel sind die Dünen vor allem bei Sturmfluten für das Bestehen der Insel lebenswichtig. Kein Wunder also, dass sie unter Naturschutz stehen. „Eins haben die Sylter Dünen mit den Alpen aber noch gemeinsam." erklärte

Volker. „Ich habe gelesen, dass auch hier im Spätsommer der blaue Enzian blüht!"

Je nördlicher wir kamen, desto leerer wurden die Fahrradwege. Mitten im Naturschutzgebiet am Königshafen, ein paar Kilometer außerhalb von List, tauchte dann die Jugendherberge auf. Eine große Anlage mit verschiedenen Häusern, die liebevoll nach den Figuren von Astrid Lindgren benannt waren. "Eine ehemaliger Marinestützpunkt ist das hier!" erklärte uns der Herbergsvater. "Zurzeit haben wir mit euch nur 5 Gäste. Im Sommer ist hier aber immer alles ausgebucht. Dann ist hier richtig was los!" Wir waren froh, dass es so ruhig war und wir uns das Außengelände quasi nur mit den Schafen teilen mussten, die hier munter mit ihren Lämmern auf den Dünen herumliefen.

Ein paar Schafe kamen auch gleich neugierig angelaufen, als Volker und Nils den Campingkocher aufbauten. Als erstes wurde für Johanna ein Breigläschen aufgewärmt. Anschließend machten sich Volker und Nils daran, unser Mittagessen zuzubereiten: Pasta Bolognese. "Die wollen uns die Nudeln klauen!" rief Nils entrüstet, als die Schafe neugierig näherkamen. So weit kam es dann aber doch nicht und wir konnten unser Mittagessen gemütlich in unserem Familienzimmer im Haus Pippi Langstrumpf genießen. Auch wenn es nur ein Fertiggericht der Outdoorküche war - es hat allen geschmeckt und auch Johanna ließ ihren Brei gerne dafür stehen!

"Wo wir schon mal hier sind, wollen wir doch List gern mal anschauen" überlegten wir und fuhren am Nachmittag mit dem Bus zum Hafen von List. Wirklich überzeugt hat uns der Ort nicht: Ein kleiner Hafen mit Touristen-Läden und überteuerten Cafés. Nils aber bekam seine versprochene Kugel Schokoladeneis und damit war der Nachmittag gerettet.

Am Abend ließen wir den Tag ruhig ausklingen und beim Schreiben Revue passieren. Bei einem kleinen Glas Küstennebel freuen wir uns schon auf den nächsten Tag: Wir würden mit den Fahrrädern einen Ausflug zum Ellenbogen machen, mit den Kindern zum Strand und in die Dünen spazieren. Nils freute sich schon auf den Spielplatz mit der tollen Rutsche auf dem Gelände der Jugendherberge.

"Mäh..." machen die Schafe vor unserem Fenster und die Sonne ging langsam unter. „Ist es nicht schön, dass unsere Kinder bei solchen Geräuschen einschlafen dürfen?" meinte Volker sentimental. „Das ist es, was ich auf unseren Touren so großartig finde! Der Hektik des Alltags entflohen zu sein und Zeit zu haben, den Moment genießen zu können!"

Der nördlichste Punkt Deutschlands: der Ellenbogen

29. April: List - Ellenbogen
Etappe 14,7km
Fahrtzeit: 1h 4 min

Volker: Der Gegenwind blies uns ständig ins Gesicht und wir strampelten umso kräftiger. Wir waren unterwegs zum Startpunkt der gesamten Tour: der Ellenbogen - dem nördlichsten Punkt Deutschlands. Im Internet hatten wir gelesen, dass vor kurzer Zeit ein Schild am Strand angebracht wurde, um den nördlichsten Punkt zu markieren. „Das ist bestimmt so eine touristische Stelle, die gut ausgeschildert ist." überlegte ich. „Das wird sicher nicht schwer zu finden sein." Daher ließen wir unser gesamtes Kartenmaterial zuhause und machten uns ohne großes Gepäck auf den Weg.

Die Strecke führte durch eine unwirkliche Dünen- und Salzwiesenlandschaft, in denen überall die Schafe weideten. Auf Sylt gehören die Schafe wie der Sand zum Strand. Auf rund tausend Hektar - einer Fläche von ca. 1400 Fußballfeldern - können die Schafe frei herumlaufen. Rund 2000 Schafe gibt es hier auf der Insel. Sogar auf den Straßen sind sie die Hauptverkehrsteilnehmer: Über die Straßenschilder "Achtung! Schafe haben Vorfahrt" haben wir uns köstlich amüsiert.

Nach ein paar Kilometern Fahrt Richtung Norden führten uns die Schilder den Weg zum Ellenbogen nach Osten. Warum es sich bei der Straße zum Ellenbogen um eine Mautstraße handelte, konnten wir uns nicht erklären. Wenigstens durften wir mit den Fahrrädern kostenlos passieren. Wir fuhren den Bogen der Insel entlang bis zur östlichsten Spitze. Jetzt gab es allerdings kein Schild mehr weit und breit, das auf den nördlichsten Punkt Deutschlands hinwies. Wohin das Auge auch blickte – wir sahen nur Dünen, Dünen und Dünen! Hier und da führte ein kleiner Pfad in die Dünenlandschaft hinein. Keiner davon war fahrradtauglich – hier würden wir zu Fuß weiter gehen müssen. „Es muss doch irgendwo ein Hinweisschild zum nördlichsten Punkt geben!" rätselten wir. Nach einigem Hin- und Herfahren blieb uns nichts anderes übrig, als mit dem Smartphone zu navigieren und zu versuchen, die ungefähre Stelle zu finden. Von der östlichsten Stelle fuhren wir wieder zurück bis kurz vor dem Leuchtturm List West. An einem Parkplatz fuhren wir auf einem befestigten Weg in die Dünen, der jedoch nach 200 Metern schon endete. „Lass uns die Räder hier abstellen!" schlug ich vor. „Dann gehen wir zu Fuß weiter". Johanna kam ins Tragetuch und Nils auf Papas Schultern. So wanderten wir durch die Dünen zum großen Sandstrand. Vom Meer aus blies uns der

Wind immer stärker und sehr kalt entgegen. „Lange können wir uns mit den Kindern hier nicht aufhalten!" rief Berit. „Lass uns schnell für ein Foto an den Strand gehen und dann wieder Windschutz in den Dünen suchen!" Die Kinder hatten zwar dicke, warme Kleidung an, aber wir wollten nicht riskieren, dass sie am zweiten Tourentag schon krank wurden. Bald breitete sich vor uns ein riesiger, menschenleerer Sandstrand aus. Kilometerlang war nur feiner heller Sand zu sehen; dahinter war das Meer, das sich bei dem Wind in beeindruckenden Wellen am Strand brach. Am Horizont konnte man zart die Silhouette von Dänemark erkennen. Bis zur dänischen Insel Rømø waren es von hier nur knappe vier Kilometer. Nils war begeistert: „So ein großer Sandkasten!" Er hatte seine kleine Schaufel mit dabei und wollte gleich anfangen zu buddeln. Ein Schild, das auf den nördlichsten Punkt Deutschlands hinwies, fanden wir erst einmal nicht. Ich wollte mich aber nicht geschlagen geben und während Berit mit den Kindern in einer windgeschützten Stelle wartete, suchte ich den Strand weiter nach dem Schild ab. Dem Gefühl folgend ging ich Richtung Osten. Und tatsächlich: nach rund 500 Metern tauchte ein kleines unscheinbares Schild vor mir auf. Wie leicht hätte man das übersehen können!

Ich holte den Rest der Familie und wir erreichten gemeinsam den nördlichsten Punkt Deutschlands! Der Wind blies uns kalt ins Gesicht, aber einen kurzen Moment feierten wir das Erreichen des Startpunktes unserer Tour. „Jetzt sind es ja nur noch gut 1.200 Kilometer auf dem Rad! Immer weiter gen Süden!" sagte ich und wir mussten beide lachen. Auf den Sekt, den wir für diesen Moment mitgenommen hatten, verzichteten wir - es war einfach zu kalt.

„Komm, wir machen schnell das Foto und dann raus aus dem Wind!" rief Berit. So einfach wurde es leider nicht. Nils buddelte fröhlich im Sand und hatte überhaupt keine Lust auf Fotos. Er schrie und weinte: "will im Sand spielen... keine Fotos" Was sollten wir machen? Uns war das Familienfoto hier furchtbar wichtig und es war einfach zu kalt, um darauf zu warten, bis Nils fertig gebuddelt hatte. Es gab einen Deal: gut, dass ich vor der Abfahrt einen Schokoriegel eingepackt hatte! Plötzlich konnte Nils sein schönstes Fotolachen aufsetzen. „Nimm noch ein bisschen Sand mit von hier!" forderten wir Nils auf, nachdem er glücklich die Schokolade verputzt hatte. Er fing an, etwas Sand in einen Becher zu schaufeln. „Der Sand wird uns bis zum südlichsten Punkt Deutschlands begleiten, wo er dann seine neue Heimat findet." erklärten wir ihm. Jetzt machten wir uns schnell auf den Weg zurück zu den Rädern, die auch noch friedlich in den Dünen lagen und auf uns warteten. Den Rückweg zur Jugendherberge legten wir in nur 30 Minuten zurück. Im Jugendherbergszimmer freuten wir uns auf eine ausgiebige Mittagspause. Die viele frische Luft hatte uns hungrig und müde gemacht. Nach dem Essen schliefen wir alle fast drei Stunden! Das ist Zeit, das ist Auszeit! Elternzeit!

Startpunkt der Tour: der nördlichste Punkt Deutschlands

Ab jetzt immer gen Süden

30 April: List - Dagebüll
Etappe: 35,1km
Fahrtzeit: 2h 33min

Berit: Der Regen prasselte heftig auf das Dachfenster unserer kleinen Ferienwohnung auf dem Hof in Dagebüll. Hier hatten wir für eine Nacht Quartier aufgeschlagen, nachdem wir von List über Westerland wieder in Niebüll angekommen waren. Es war ein wenig schäbig hier - die alten Holzwände etwas ungeschickt mit ockerfarbener Tapete überklebt, alle anderen Tapetenreste klebten an der Decke. Der Geruch von Hund konnte leider nicht völlig verdrängt werden. Räumlich war es allerdings nicht schlecht: vom Wohn-Essbereich mit Küchenecke gingen zwei geräumige Schlafzimmer ab. Wir hatten Platz, auf der Couch zu sitzen und den Abend gemütlich zu verbringen, ohne die Kinder zu stören. Theoretisch.... Inzwischen war es nach 21 Uhr und die Kinder waren nach langem Kampf, Überredungskünsten, Bücher lesen und unendlichem Liedersingen endlich eingeschlafen. Das hatte uns so viel Energie gekostet, dass unser entspannter Abend auch schon vorbei und die Nerven am Ende waren. Man merkte doch, dass es für die Kinder sehr aufregend war, jede Nach woanders zu übernachten.

Mich machte das an dem Abend ein wenig nachdenklich: würde es den Kindern auf Dauer zu anstrengend werden oder würden sie sich mit der Zeit daran gewöhnen? Würden sie die ganze Tour mitmachen? Hatten die Zweifler unserer Tour am Ende doch Recht, dass es keine Reise ist, die man mit Kindern machen kann?

So optimistisch ich am Anfang und vor unserer Tour war, so schnell kam ich jetzt ins Grübeln... "Fahren wir wieder in das gelbe Haus?" fragte Nils schon zum wiederholten Male und meinte damit unser Zuhause. "Was möchtest du denn da machen?" fragte ich ihn. "Spielen und schlafen und Klavierspielen" war seine Antwort. Da wurden wir schon nachdenklich... andererseits würde er das bei einem mehrwöchigen Urlaub in einem Ferienhaus auch sagen. Sein Zuhause ist nun mal seine gewohnte Umgebung. Wir würden den Kindern und uns noch ein wenig Zeit geben, sich an die neue Situation zu gewöhnen.

Der Start heute auf Sylt war super. Das Wetter bestens ohne viel Wind (der uns allerdings entgegenkam und uns beim Radeln ordentlich ins Schwitzen brachte). Der Weg durch die Dünen war landschaftlich wunderschön und das Radeln machte einfach richtig viel Spaß. Auf einer langen Strecke überholten wir zwei Rentner, die mit ihren Rädern unterwegs waren. Als uns kurz danach eine lange Steigung ins Schnaufen brachte, hörten wir plötzlich ein leises Surren. Die Rentner radelten mühelos an uns vorbei. "Das konnten die wohl nicht auf sich sitzen lassen" lachte Volker. "da wurde kurzerhand der Motor vom E-Bike angeschmissen". Trotzdem brauchten die beiden am Ende der Steigung eine kurze Verschnaufpause, was uns die Gelegenheit gab, mit den beiden ins Gespräch zu kommen. Ganz begeistert waren sie von unserer Tour und fasziniert davon, mit zwei Kindern zu reisen. Sie selbst hatten sich das Geo-Caching zum Hobby gemacht und waren auf oft auf entlegenen Pfaden unterwegs.

Nach knapp 1,5 Stunden erreichten wir Westerland, wo wir mit dem Zug nach Niebüll fahren wollten. Gerade fuhr uns der nächste Zug vor der Nase weg und die Abfahrtspläne zeigten, dass wir jetzt eine Stunde Zeit bis zur nächsten Abfahrt hatten. Zum Glück gab es am Bahnhof ein sehr nettes Café, in dem wir mit Blick auf die vorm Fenster stehenden Räder entspannt einen Kaffee genießen konnten.

Für Nils war die Zugfahrt wieder sehr aufregend. Er war der Wächter über unsere Fahrkarten und konnte es kaum erwarten, bis die Schaffnerin mit ihrer Zange zum Abknipsen kam. Er durfte sogar selbst mit der Zange einen Stempel auf die Karten drücken und als er dann noch eine auf ihn ausgestellte Kinderfahrkarte von der Schaffnerin bekam, war der Tag für ihn gerettet.

In Niebüll angekommen war es Zeit für Johannas Mittagessen und wir suchten uns ein geeignetes Café. Zufällig kamen wir an Jannys Eiscafé vorbei. Auch wenn das Wetter eigentlich nicht zum Eisessen einlud, kehrten wir dort ein, da von außen schon eine Spielecke für Kinder zu sehen war. Am Himmel hatten sich bedrohlich dunkle Wolken zusammengezogen.

Wir saßen glücklich mit Waffeln und Eis am Tisch, während die Kinder vergnügt spielen konnten. Mittlerweile kamen richtig heftige Hagelschauer vom Himmel herunter... Ein Glück, dass wir hier willkommene Gäste waren und am Ende zwei Stunden im Café verweilen konnten. Auch hier kamen wir mit einer netten Frau ins Gespräch, die einen Bericht über uns auf Facebook gelesen hatte. Den hatte sie über ihre Freundin Sabrina, die Jugendherbergsleiterin in Niebüll bekommen!

Zwar waren noch dicke dunkle Wolken am Himmel, aber wir setzten gegen 14 Uhr unsere Fahrt fort. Die Kinder waren müde und wir hatten noch eine einstündige Radtour bis Dagebüll vor uns. Weiter ging es entlang der Landstraße bei mäßigem Gegenwind weiter. Volker trat kräftig in die Pedale. "Wenn wir schnell vorankommen, entkommen wir vielleicht dem nächsten Regen" meinte er. Ich konnte mit seinem Tempo nicht mehr mithalten und bat ihn mehrfach, nicht so schnell vorwegzuradeln. Es stresste mich, den Abstand zwischen uns immer größer werden zu sehen und mich nur noch hinter ihm her hetzend zu fühlen. Wir hatten doch Zeit!! Aber nein, Volker machte für mein Empfinden keine Anstalten das Tempo rauszunehmen. Mir schwoll der Kragen und ich wurde richtig wütend. "So macht das keinen Spaß! Ist das eine gemeinsame Tour - eine Familienreise - oder will da einer nur sein Ding durchdrücken?" Diese Gedanken kreisten in meinem Kopf und machten meine Laune nicht besser. Unter einer gemeinsamen Fahrt hatte ich mir was anderes vorgestellt. Mal abgesehen davon, dass Volker nichts davon mitkriegen würde, wenn ich ein Problem hätte. Oder wenn die Kinder im Anhänger ein Problem hätten....

Als er an der nächsten Abbiegung anhielt und auf mich wartete bekam er meine Wut voll ab. Er versuchte mich zu beruhigen, aber ich war so in Rage, dass es eine Weile dauerte, bis er es schaffte. Der wunderschöne Radweg entlang einer Bahnstrecke an leuchtend gelben Rapsfeldern mit Blick auf den Deich stimmte mich schließlich wieder versöhnlich. Es machte doch unglaublich Spaß, unser Land per Rad zu erkunden.

Trotzdem hat mich der heutige Tag sehr nachdenklich gestimmt. Wird die Tour unserer Familie guttun? Ist das die Elternzeit, die unsere Familie zusammenschweißen wird? Werden wir wirklich Zeit für die Familie haben oder jagen wir nur Tagesetappen, Kilometern und den Wetterbedingungen hinterher?

Die letzte Elternzeit in Schweden und Norwegen hatte Volker und mir als Paar unheimlich gutgetan. Das gemeinsame Reisen ist einfach unser Ding! Werden wir diesmal dasselbe erleben? Werden wir auch diesmal sorglos und unbeschwert die Reise genießen können oder geht es nur darum, die Tour zu schaffen?

Auf dem Weg nach List

Marschlandschaft: Gegenwind und Weidegatter

1. Mai: Dagebüll – Husum
Tagesetappe: 45,5km
Fahrtzeit: 2h 55min

Berit: Es war 22 Uhr und ich war hundemüde - der Rest der Familie schlief schon. Alle waren verteilt in die Betten der Husumer Jugendherberge. Nils hatte sich glücklich in seine Höhle verkrochen: das untere vom Etagenbett stand über Eck Kopf an Kopf mit dem nächsten und so hatte er ein gemütliches Nestchen zum Schlafen gefunden. Ich hätte auch in einen zufrieden-erschöpften Tiefschlaf fallen können, wollte aber noch ein paar Worte über den Tag schreiben, der so schön und erfüllend war. Morgen wäre das zu Papier Gebrachte nicht mehr dasselbe und ich wollte meine Worte vom Vortag nicht so stehen lassen.

Der Tag hatte schon gut angefangen: Ein paar letzte Regentropfen tröpfelten auf das Dachfenster der Ferienwohnung, aber die Sonne kam mehr und mehr zum Vorschein. Der Wind von gestern hatte nachgelassen. Nachdem sich Nils drei Nutella-Brote zum Frühstück reingeschoben hatte und unser Hab und Gut in die Taschen auf den Fahrrädern verstaut worden war, konnte es weitergehen auf unserer Tour. Nils hatte sich schon auf der Rutsche im Garten müde gerutscht und meckerte nicht, als wir ihn in den Anhänger setzten.

Leid tat es uns nicht, von dem Hof weiterzufahren. Die Familie war sehr nett, aber der Hof und die Ferienwohnung waren leider sehr heruntergekommen. Es war kein Ort, der zum längeren Verweilen einlud. "Wir planen, hier ein Heu-Hotel aufzuziehen" erklärte uns die Besitzerin.

"Die Landwirtschaft haben wir aufgegeben und es ist schade, mit anzusehen, wie die Gebäude ungenutzt verfallen. Wir leben hier als Familie in der 3. Generation."

Der Radweg heute würde leicht zu fahren sein, dachten wir. Einfach nur den Deich an der Küste entlang. Schnurstracks geradeaus. Dazu bot uns der malerische Himmel mit einem Mix aus Wolken und Sonne heute wunderbares Radfahrwetter. Die Windräder standen fast still, so windstill war es heute. Der Radweg führte direkt am Ufer entlang und bot ein schönes Panorama: die Schafe auf dem Deich auf der einen Seite - das Wattenmeer und die Inseln und Halligen auf der anderen Seite. "So kommen wir heute super voran" freute sich Volker und trat in die Pedale. Klingeling... da waren nur ein paar Schafe und Lämmer von unserem Weg zu vertreiben, die aber schnell Reißaus nahmen, als wir in die Nähe kamen und uns dann laut hinterher blökten.

Doch weit gefehlt! Die eigentlichen Hindernisse dieses Radweges sollten uns bald bewusst werden. Alle paar Hundert Meter mussten wir ein Schafgatter durchqueren. Dies bedeutete, dass wir anhalten, von den Rädern absteigen und alles durch ein enges Tor luxieren mussten. Dies erwies sich als nicht gerade einfach. Volker war mit Kinderanhänger so breit, dass es Millimeterarbeit bedeutete, durch das Tor hindurchzukommen. Mein Fahrrad konnte mit Anhänger nicht am Ständer stehen und sobald es ins Kippen kam, war es für mich fast unmöglich, es wieder aufzurichten. Beim Durchfahren gleichzeitig das schwere Eisentor aufzuhalten war schweißtreibend. Wieder aufgestiegen und langsam wieder in den Tritt gekommen, tauchte auch schon das nächste Weidegatter in der Ferne auf. Wir fluchten sehr!!!

Das Elend mit den Weidegattern

Trotzdem war es ein toller Radweg. Tausende von Zugvögeln hatten sich auf den Deichen und neuen Land niedergelassen. Jedes Mal, wenn wir in ihre Nähe kamen, hoben sie mit lautem Geschrei in die Höhe ab und verließen in großen Schwärmen den Boden. Ein wunderbares Gefühl.

Das Marschland, über das wir hier fuhren, ist das Ergebnis der natürlichen Verlandung des Wattenmeeres und sehr fruchtbares Land. Auf dem Wattenmeer der flachen Nordseeküste bilden sich Salzwiesen, die nicht so häufig überflutet werden. Dadurch können sich kleinere Pflanzen ansiedeln, so dass das Watt hier langsam verlandet. Dieser natürliche Vorgang wurde schon früh von den Menschen zur Landgewinnung und Schutz vor Landverlust durch Sturmfluten genutzt. Durch die Eindeichung dieses neu gewonnen Marschlandes entstanden mit der Zeit geschützte Gebiete, die als Koog bezeichnet werden.

Von unserem Radweg an der Küste waren die in der Ferne liegenden Halligen und die Insel Pellworm am Horizont zu erkennen. „Als Kind waren wir mit der Familie einmal auf der Hallig Hooge!" erzählte ich Volker. „Faszinierend, diese Inseln... sie werden regelmäßig bei stärkeren Fluten überschwemmt." Dann herrscht auf den Halligen „Landunter": bis auf die Häuser, die auf künstlich aufgeschütteten Hügeln stehen, ist alles unter Wasser. Auf den Halligen gibt es daher bis auf das Regenwasser kein Süßwasser, sodass früher das Regenwasser aufgefangen werden musste. Heute gibt es für die ständig bewohnten Halligen inzwischen Wasserrohre für die Trinkwasserversorgung.

Nach gut 30 Kilometern erreichten wir über einen kilometerlangen Seedeich das Strandbad Lüttmoorsiel. Da hier eine kleine Gaststätte und ein Kinderspielplatz zum Verweilen einluden, entschlossen wir uns zu einer Mittagspause. Die Kinder hatten nach knapp zwei Stunden Fahrradtour lange genug im Anhänger gesessen. Hungrig waren wir nach der Fahrt auch, so dass wir uns über eine Erfrischung und eine Kleinigkeit zu essen freuten. Wir verbrachten hier bestimmt 1,5 Stunden, kamen mit Leuten ins Gespräch und genossen die Freiheit, keinen Termindruck zu haben und so lange verweilen zu können, wie wir wollten.

Lüttmoorsiel ist ein beliebtes Ausflugsziel an der Nordseeküste. Hier kann man nicht nur die wunderschöne Liegewiese direkt am Meer genießen, sondern bei Ebbe auch über das Wattenmeer die Hallig Nordstrandischmoor erreichen.

Als die Kinder müde wurden, machten wir uns wieder auf den Weg. Wir entschieden uns für den Weg auf dem

Festland, der etwas kürzer war als der Radweg über den Damm. Idyllisch auf der Landseite am Deich entlang führte uns der Weg vorbei an reetgedeckten Höfen und weidenden Kühen und Pferden. Am frühen Nachmittag erreichten wir Husum. Die Jugendherberge begeisterte uns direkt. Hier gab es nicht nur einen schönen Spielplatz, sondern extra für Kleinkinder ein eigenes Spielzimmer, welches unsere beiden direkt in Beschlag nahmen. Hier konnte sich vor allem Johanna, die noch krabbelte und sich aufgrund des noch kalten Wetters auf den Spielplätzen nur eingeschränkt bewegen kann, richtig austoben.

Da wir auf unserer Tour aber nicht nur die Jugendherbergen kennenlernen wollten, zog es uns am Abend noch in die Altstadt von Husum. Schließlich war Ziel unserer Tour, Städte und Menschen unserer Heimat kennenzulernen. Auch konnte eine Abwechslung zum Jugendherbergsessen der letzten Tage nicht schaden. Da Feiertag war, gab es allerdings keinen Bus, der uns in die Altstadt bringen konnte. Auf Fahrradfahren hatten wir keine Lust mehr.... Also liefen wir die zwei Kilometer zum Hafen von Husum. Die Kinder nutzen die Zeit, im als Kinderwagen umfunktionierten Fahrradanhänger ein kleines Schläfchen zu machen.

Husum selbst fanden wir sehr nett. Die alten bunten Häuser leuchteten in der Sonne. Die Promenade und die

Außengastronomie waren gefüllt von Menschen, die die wärmenden Sonnenstrahlen genossen. Beeindruckt hatte uns der Hafen, den wir ohne Wasser vorfanden. "Wer hat denn das Wasser herausgelassen?" fragte Nils verwundert. Alle Schiffe lagen tatsächlich auf dem Schlickboden. "Jetzt müssen die Schiffe warten, bis das Wasser wiederkommt, dann können sie weiterfahren" erklärte ihm Volker. Nils war ganz fasziniert und konnte sich vom Hafen kaum lösen.

Den Hafen und den Zugang zum Meer hatte Husum im 14. Jahrhundert durch eine große Sturmflut erhalten. So konnte sich aus der ursprünglichen Häuseransammlung „Husumbro" eine blühende Handelsstadt entwickeln. „Manchmal haben Sturmfluten dann ja auch was Gutes!" lachte Volker.

Der Hunger trieb uns weiter und wir fanden Platz in einem sehr netten Fischrestaurant direkt am Hafen. Das Fischrestaurant Wiesendanger können wir nur weiterempfehlen. Eine sehr nette Kellnerin half uns direkt mit dem Platz am Tisch und besorgte zwei Kinderstühle. Nils freute sich über seine Apfelschorle mit Strohhalm und wählte das Kinderessen bestehend aus Bratkartoffeln mit Rührei. Wohlweislich bestellte Volker sich zu seinem Gericht normale Salzkartoffeln, denn er kannte seinen Sohn. Die

Bratkartoffeln verschmähte Nils und machte sich stattdessen über Papas Kartoffeln her. "Ich esse alle Kartoffeln weg" versprach er und dazu kam es auch. Wir mussten sogar eine Portion nachordern, so gut schmeckte es unserem Sohn. Es war ein entspanntes Essen und hat uns allen unheimlich viel Spaß gemacht. Johanna bekam ihren Brei und war danach auch glücklich neben Papa auf ihrem Kinderstuhl - es gab so viel zu gucken. Nils entdeckte, dass er auch selbst nachbestellen konnte und machte davon auch direkt Gebrauch. "Noch eine Apfelschorle bitte" erklärte er der netten Kellnerin, als sie vorbeikam. Sein Gericht war mit zwei Weintrauben dekoriert worden, die er direkt genüsslich verschlang. "Gibt es noch Weintrauben zum Nachtisch?" fragte er beim nächsten Mal. Lachend stellte sie ihm die restlichen Deko-Weintrauben aus der Küche auf den Platz!

Ein gelungener Abschluss für einen wundervollen Tag! So konnte es weitergehen. Alle Bedenken vom Vortag waren weggeblasen. Es war so schön zu sehen, wie begeistert Nils alles Neue in sich aufsaugte und auch von Erlebnissen vom Vortag berichtete. Er würde so viel erleben auf dieser Tour. Johanna machte alles ganz gelassen mit. Sie freute sich, wenn sie mit am Tisch saß und wenn sie mit Nils Zeit und Raum zum Krabbeln und Spielen fand.

Husum

Die Nordseestadt Husum wurde durch den großen Dichter Theodor Storm literarisch bekannt als "graue Stadt am Meer". Wer hier in die Altstadt kommt, wird aber eines Besseren belehrt. Auch bei trübem Wetter leuchten die bunten Häuser am Hafen lebendig und geben der Altstadt ein maritimes Flair. Viele Cafés und Restaurants laden zum Verweilen ein. Prägend für das Stadtbild ist ebenso der Tidenhafen von Husum. Hier können die Schiffe nur zweimal am Tag bei Hochwasser ein- und auslaufen und liegen bei Ebbe direkt auf dem Schlickboden. Schiffsbegeisterte sehen hier neben einigen Sportbooten den Traditionssegler „Brittanje", ein in den Niederlanden gebautes Stahl-Plattbodenschiff, und den ehemaligen Tonnenleger „Hildegard".

Der neue Teil des Hafens ist heute ein wichtiger Umschlagplatz für landwirtschaftliche Erzeugnisse. Außerdem sind hier Hersteller von Windkraftanlagen ansässig. Parallel zur Hafenstraße befindet sich die schöne Altstadtstraße "Wasserreihe". Hier befindet sich auch das Theodor-Storm-Haus, in dem einst der bekannte Dichter lebte.

Mit seinen knapp 23.000 Einwohnern ist Husum Kreisstadt und wirtschaftliches Zentrum von Nordfriesland. Hier befinden sich zahlreiche Firmen des Handels- und Dienstleistungssektors und auch die Windkraftbranche ist als weiteres wirtschaftliches Standbein von besonderer Bedeutung für die Stadt Husum.

Die gerissene Fahrradkette und das Damenfahrrad

2. Mai: Husum - Büsum
Tagesetappe 59,6km
Fahrtzeit: 3h 32min

Volker: Tag 3 unserer Tour: Der Fahrradweg führte vorbei an Feldern und Wiesen, mal am Deich, mal über den Deich, mal neben dem Deich. Und dann ganz lange an der Landstraße entlang. "Heute werden wir nicht viel zu berichten haben" ging mir beim Dahinfahren durch den Kopf. "aber es muss ja auch nicht jeder Tag ein spektakulärer Reisetag werden." Das Eidersperrwerk war unser Etappenziel zur Mittagspause, bevor wir dann die nächste Jugendherberge in Büsum erreichen wollten.

Gegen halb 12 erreichten wir Tönning, ein nettes kleines Fischerdörfchen. Im Vorhinein hatten wir diesen Ort als Ziel für unsere Mittagspause gedacht, allerdings lagen die Kinder noch friedlich schlafend im Anhänger, als wir das Städtchen erreichten. Einen guten Platz für die Kinder zum Austoben sahen wir auf Anhieb auch nicht, so dass wir uns für die direkte Weiterfahrt zum Eidersperrwerk entschieden. "Das sind noch zehn Kilometer..." überlegte ich. "Das schaffen wir in einer guten halben Stunde. Dort soll es auch eine Gaststätte geben - vielleicht haben die Kinder da ein

50

wenig Platz zum Spielen." Also traten wir in die Pedale und fuhren an der Eider entlang Richtung Sperrwerk. Die Beine wurden langsam müde – auch wir konnten eine Pause gebrauchen. Auf halber Strecke vorm Ziel wachten die Kinder auf und machten deutlich zu verstehen, dass sie Hunger hatten. "Nur noch vier Kilometer!" gab ich an! "Kinder, in ein paar Minuten sind wir da, dann gibt es was zu essen!".

Berit trat gerade neben mir kräftig in die Pedale und auch ich begann in den höheren Gang zu schalten. Es gab ein komisches Knacken und Knirschen. "Ist die Kette rausgesprungen?" rief Berit nach hinten. Ich trat beim Fahren ins Leere, verlor an Tempo und fiel weiter zurück. "Schlimmer!" rief ich. „Sie ist gerissen!!!"

Oh nein, wir waren drei Kilometer vor dem Eidersperrwerk – es war Samstagmittag nach 12 Uhr. Und jetzt?

"Erstmal schieben!" Mir blieb nichts anderes übrig. Die Kinder bekamen jeder ein Brötchen in die Hand gedrückt und dann ging es im Schritttempo weiter. Hier hatte es sich schon bewährt, immer ein Not-Essen dabei zu haben. Berit machte sich daran, eine Lösung für unsere erste Fahrradpanne zu finden. Dank mobilem Internet fand sie die Nummer der nächstgelegenen Fahrradwerkstatt und rief dort an. "Tut mir leid, ich kann Ihnen nicht helfen" war die Antwort, als sie unsere Situation schilderte. Also musste fieberhaft weiter telefoniert werden. In Büsum geriet sie an einen netten Kerl eines Fahrradverleihs, der ohne Zögern nach unserem genauen Standort fragte und sich direkt mit einem Leihfahrrad zu uns auf den Weg machte.

Super! Wir waren erleichtert. Während ich mit meinem kaputten Rad auf dem Parkplatz Ausschau hielt, richtete es sich Berit mit den Kindern im Fischrestaurant ein. Ein paar Pommes machten Nils glücklich, für Johanna konnten wir ein Gläschen warm machen und Berit freute sich über einen Haufen leckere Nordseekrabben. Jetzt ging alles reibungslos: Der Mann vom Fahrradladen war bald da, hob mein Fahrrad in den Transporter und holte zum Austausch ein Leihfahrrad heraus. Hier mussten wir allerdings einen kleinen Dämpfer erfahren, als ich entdeckte, dass es sich um ein klappriges Damenrad handelte! Klar - Berit hatte angerufen und dabei nicht erwähnt, dass es sich bei der Panne um mein Rad handelte. Beim Gedanken an den weiteren Weg nach Büsum im Gegenwind auf dem Deich und dem Anhänger am Rad musste ich seufzen. „Aber immer noch besser als zu schieben" ermutigte ich mich.

Lustigerweise war das Erste, was wir bei unserer Fahrt in die Stadt Büsum sahen, eben dieser Kerl vom Fahrradladen. "Eine neue Kette für das Rad habe ich nicht. Die müsste ich erst bestellen und dann ist sie nicht vor Montag da. Aber mein Bruder versucht, die Kette zu reparieren." brachte er uns auf den neusten Stand.

Mit dem Damen-Fahrrad am Eidersperr-werk

Wir checkten zunächst in der Jugendherberge ein und die Kinder stürmten das Spielzimmer. Mal wieder die beste Wahl für unsere Unterkunft! Alles, was das Kinder- und Elternherz begehrt, gab es hier! Nils flitzte schon begeistert herum. "Sind wir in einer neuen Jungenherberge???"

Beim Abendessen bot sich uns ein großartiges Buffet, die Zimmer waren mit eigenem Bad ausgestattet und das Spielzimmer war ein Kinder- und Krabbelparadies.

Am Abend machte Berit noch einen kurzen Spaziergang in den Ort, um das Leihrad gegen das reparierte Fahrrad auszutauschen. „Wir haben ein neues Kettenglied eingebaut – das sollte jetzt halten!" kam ihr der Fahrradverleiher strahlend entgegen. Die Ausrüstung wieder komplett, ließen wir den Abend bei einem Bierchen gemütlich ausklingen und freuten uns auf die Fahrt nach Kronprinzenkoog am nächsten Tag. Dort würden wir unsere Freunde und Berits Eltern treffen und ein paar Tage auf dem Bauernhof ausspannen.

Büsum: von der Insel zum Seebad

Vor den großen Sturmfluten im 14.-16. Jahrhundert war Büsum eine kleine Insel vor der Küste Dithmarschens. Durch die Fluten wurde Schlick angeschwemmt, so dass sich die Insel immer mehr dem Festland näherte. Im 16. Jahrhundert gelang es, einen Damm zu bauen. Durch weitere Eindeichungen hat Büsum heute seinen Inselcharakter gänzlich verloren. Aus der Zeit, in der Büsum eine Insel war, stammt noch die kleine Fischerkirche, die nach dem Schutzheiligen der Schiffer, Fischer und Küstenbewohner, dem heiligen Clemens, benannt ist. Der Seeräuber Cord Widderich soll das bronzene Taufbecken im 15. Jahrhundert von der Insel Pellworm geraubt und den Büsumern geschenkt haben - als Dank dafür, dass die Bewohner ihm Unterschlupf gewährt hatten.

Während die Büsumer jahrhundertelang nur vom Fischfang und der Landwirtschaft lebten, kam im 19. Jahrhundert der Tourismus als neue Einnahmequelle hinzu. Seit 1837 ist Büsum ein Nordseebad und lockt jährlich hunderttausende Feriengäste an. Heute dominieren Krabbenkutter und Ausflugsschiffe das Hafenbild. In der Altstadt wimmelt es von Touristen, die das maritime Flair und die Gastronomie genießen.

Gegenwind

03. Mai: Büsum - Kronprinzenkoog
Tagesetappe 29,4 KM
Fahrtzeit: 2 Stunden 18 Minuten

Volker: Nach dem gestrigen Tage sollte jetzt nichts mehr schiefgehen, dachten wir uns. Da wir nur eine kurze Etappe zu unseren Freunden in Kronprinzenkoog vor uns hatten, ließen wir es langsam angehen. Gemütlich saßen wir beim Frühstücksbüffet und freuten uns auf die heutige Tour. Berit und die Kinder gingen nach dem Essen ins Spielzimmer, während ich in Ruhe die Ausrüstung im Zimmer zusammenpackte. Bald war alles bereit, die Kinder wurden langsam müde und wir begannen die Fahrräder zu packen. Dann konnte es endlich losgehen! – dachten wir…: keine 50 Meter weit gekommen, riss die reparierte Fahrradkette ein erneutes Mal. „So ein Mist!" schimpfte ich. „Wie sollen wir jetzt am Sonntagmorgen nur eine neue Kette herzaubern?". Viele Möglichkeiten hatten wir nicht, also suchten wir den Fahrradverleih von gestern auf. Hier tauschten wir erneut das kaputte Rad gegen ein Leihfahrrad aus, wobei ich mir dieses Mal ein Herrenrad aussuchte. Es hatte zwar auch nur sieben Gänge, war aber allemal besser als das Damenrad von gestern. Mein Rad ließen wir in der Hoffnung, es am Montag abholen zu können, beim Verleih stehen. Beim

Blick in die Fahrradwerkstatt wurde mir klar, dass ich die Jungs nicht weiter an meinem guten Tourenrad rumschrauben lassen wollte. Sie waren unglaublich hilfsbereit, aber professionell sah das hier nicht aus. Also entschied ich mich gegen eine Reparatur vor Ort und wollte beim nächsten Fahrradhändler in Marne das Rad in die Werkstatt bringen. In Kronprinzenkoog war sowieso eine längere Pause geplant.

Die Radstrecke nach Kronprinzenkoog war landschaftlich wieder wunderschön gelegen. Der Radweg führte uns die ganze Zeit direkt am Deich entlang und bot großartige Blicke auf das Wattenmeer. Nur ein kleines Detail machte die heutige Strecke zu der für mich anstrengendsten Etappe der bisherigen Tour: der Gegenwind! Auf dem zu kleinen Leihrad mit wenigen Gängen wurde die Strecke zur Tortur. Auf den letzten drei Kilometern fluchte ich vor mich hin: "Was für ein Mist! Den ganzen Tag Gegenwind! Was bin ich froh, wenn das vorbei ist!".

Zum Glück erreichten wir genau zur Mittagszeit den Bauernhof unserer Freunde. Was war das für ein Hallo! Es war fast schon als Tradition zu bezeichnen, dass wir auf unseren Elternzeitreisen hier einen Zwischenstopp einlegten. Bereits auf unserer Reise nach Skandinavien waren wir hier

liebend gern eingekehrt und hatten die herzliche Gastfreundschaft der Familie Huesmann genossen.

Heute war es nach den Strapazen der Radtour ein umso
tolleres Gefühl, hier auf dem Hof angekommen zu sein. Natürlich hatte Telsche schon das Mittagessen auf dem Tisch
und wir konnten uns nach den anstrengenden Radkilome-
tern mit deftiger Hausmannskost stärken.

„Können wir mit dem Traktor fahren?" fragte Nils gleich
aufgeregt, als Georg nach dem Essen wieder zur Tat schrei-
ten wollte. „Später, Nils!" beschwichtigte Georg. „Ich muss
jetzt erst mal das Düngemittel aus dem Nachbarort holen.
Wenn wir nachher hier auf den Feldern am Hof fahren,
kannst du sicher mitfahren!"

Ruhetag

Berit: „Heute kommen Oma und Opa!" freute sich Nils schon am Morgen. Ausgeruht nach einer Nacht in den gemütlichen Betten saßen wir am Frühstückstisch unserer Ferienwohnung. „Die sind schon auf dem Weg!" bestätigte ich. „Gegen Mittag sind sie bestimmt hier." „Bringen die auch mein Fahrrad mit?" löcherte Nils uns jetzt schon zum wiederholten Male. „Klar, das haben sie doch versprochen!" Nachdem Nils jetzt eine gute Woche nur Beifahrer war, freute er sich umso mehr auf sein kleines Laufrad, das wir extra in Bielefeld bei den Großeltern deponiert hatten.

Auf dem Hofe Huesmann stand in den kommenden Tagen ein großes Fest an: Georg und Telsche feierten goldene Hochzeit! Es galt einiges vorzubereiten, da sich neben der gesamten Nachbarschaft und dem Freundeskreis auch der Bürgermeister in die Reihen der Gratulanten einreihen wollte. Mehrere Tage würde das Ereignis mit Kränzen, Bürgermeister-Empfang und großem Fest in Anspruch nehmen. Entsprechend nervös war schon die Stimmung auf dem Hof.

Meine Eltern kamen zum Feiern, aber auch, um dem Ehepaar bei den Vorbereitungen unter die Arme zu greifen.

Und – nebenbei – die Enkelchen zu genießen, die sich mit uns auf großer Radtour befanden.

„Sie sind da, sie sind da!" rief Nils aufgeregt, als ihr Auto im Hof vorfuhr. Der Nachmittag verlief ganz entspannt. Nils war so damit beschäftigt, mit seinem Rädchen über den Hof und durch die Scheune zu flitzen, dass er das Traktorfahren ganz vergaß. Dann waren da noch die Hühner, die vor ihm Reißaus nahmen und was für ihn zu einem lustigen Spiel wurde.

Volker nutzte den Nachmittag und das Auto meiner Eltern, um sein Fahrrad in Büsum abzuholen und nach Marne in die Werkstatt zu bringen. Als er zurückkam, stöhnte er: „Neben einer neuen Kette brauchen wir einen neuen Zahnkranz und einen neuen Mantel und der gute Schwalbe Marathon war auch kaputt. Insgesamt eine Reparatur von 180 Euro!" Ein teurer Spaß, den wir gern vermieden hätten. Das Wichtigste jedoch war, dass das Rad in Ordnung gebracht werden konnte und wir unsere Tour wie geplant fortsetzen konnten.

Seehunde und Hagelschauer

5. Mai: Kronprinzenkoog

Berit: „Wir wollen die Seehunde angucken! Opa, kommst du mit?" Nils zupfte an Opas Ärmel. Der ließ sich nicht lange bitten. „Ich war schon lange nicht mehr in der Seehundstation – das ist eine gute Idee." antwortete er. „Früher waren wir ganz oft dort, als deine Mama noch ein Kind war. Mal sehen, ob sich da etwas verändert hat."

„Kommt Oma auch mit?" fragte Nils. Aber die Oma hatte einen riesigen Berg kleiner Kartoffeln vor sich, die alle noch für den Kartoffelsalat geschält werden mussten. „Ich helfe Telsche bei ihren Vorbereitungen. Geht ihr ruhig allein in die Seehundstation." antwortete sie.

Die Seehundstation Friedrichskoog ist die einzige autorisierte Aufnahmestelle für verlassene oder erkrankt aufgefundene Robben in Schleswig-Holstein. Einmalig in Deutschland ist hier auch die gemischte Haltung von Seehunden und Kegelrobben.

Als wir an dem 800 Quadratmeter großen Beckensystem standen und die verschiedenen Seehunde beim Schwimmen bewunderten, kamen wir mit einem der Tierpfleger ins Gespräch. „Wir haben hier einige ältere Tiere, die bereits seit der Gründung der Seehundstation 1985 hier leben.

60

Andere wurden hier in der Station geboren oder kamen als Heuler zu uns." „Was genau ist denn ein Heuler?" fragten wir. „Heuler sind junge Seehunde, die dauerhaft von ihrer Mutter getrennt sind. Das Heulen ist das Rufen nach der Mutter. Diese Tiere könnten in der Wildnis nicht überleben. Hier an der Nordsee gibt es ausgebildete Seehundjäger, die diese Heuler dann in die Seehundstation bringen." „Dürfen Seehunde noch gejagt werden?" wundern wir uns. „Nein. Die Seehunde unterliegen dem Jagdrecht, dürfen aber schon lange nicht mehr bejagt werden. Sie unterliegen einer ganzjährigen Schonzeit. Nur die Seehundjäger sind berechtigt, Heuler in die Seehundstation zu bringen. Sie müssen genau prüfen, ob das Tier wirklich kein Muttertier in der Nähe hat, damit kein Tier unnötig in Gefangenschaft gerät."

„Bleiben die Tiere dann lebenslang in der Station?" wollten wir wissen. „Nein, es heißt ja nicht ohne Grund Aufzuchtstation!" lacht der Pfleger. „In ihren ersten Lebenswochen werden die Heuler mit einer speziellen Aufzuchtmilch und Fischbrei ernährt. Später bekommen sie kleine Fischstückchen, bis sie anschließend lernen, selbständig Fisch zu fressen. Wenn sie das können, werden sie in ein großes, von Dünen umgebenes Auswilderungsbecken umgesetzt. Hier können sie sich im wendigen Schwimmen und im Fischfang üben und müssen noch einiges an

Gewicht zulegen. Nach Erreichen des Mindestgewichts von 25 kg, einem tierärztlichen Gesundheitszeugnis und der Genehmigung der Nationalparkverwaltung werden die Tiere wieder in die Freiheit entlassen." „Guck mal, da springt ein Seehund ins Wasser!" rief Nils plötzlich aufgeregt. „Die Tiere bekommen jetzt gleich zu fressen. Das wissen sie schon und sie suchen sich einen geeigneten Platz, um am meisten abzubekommen!" lachte der Tierpfleger. „Ich glaube, ich muss mal an die Arbeit!"

Nachdem wir lange dem lustigen Treiben der hungrigen Tiere zugeschaut haben, machen wir uns mit einem müden Kind wieder auf den Heimweg. Pünktlich zum Mittagessen waren wir wieder auf dem Huesmann´schen Hof. In dem Moment kamen auch Volker und Johanna aus der Ferienwohnung heraus. „Wir haben den ganzen Vormittag geschlafen!" erzählte Volker. „Na, dann hattet ihr es wohl auch nötig!" lachten wir.

So eine Auszeit vom Fahrradfahren tat einfach gut und war auch wichtig für alle! Volker konnte am Nachmittag sein Rad abholen und machte sich danach auch direkt daran, die Räder und Anhänger auf ihr Funktionstüchtigkeit zu überprüfen. „Alle Reifen sind heile und aufgepumpt, die Ketten geölt!" strahlte er, als er sich zu Kaffee und Kuchen zu uns in den Wintergarten gesellte. „Morgen kann es weitergehen!" freuten wir uns. „Hoffentlich haben wir da besseres Wetter als jetzt!" meinte ich mit einem Blick aus dem Wintergarten an den Himmel. Dieser zog sich gerade pechschwarz zusammen. Auch Georg blickte besorgt nach draußen. „Nur kein Hagel!" sorgte er sich. „Ich habe doch gerade die kleinen Kohlpflanzen gesetzt. Die macht ein dicker Hagelschauer im Nu kaputt. Dann ist die Ernte im Sommer gelaufen!" Tatsächlich brach bald darauf ein kräftiger Regenschauer über uns herunter. Der starke Wind ließ den Regen fast waagerecht durch die Luft peitschen und die Tropfen knallten nur so auf das Glasdach des Wintergartens. Schließlich kamen auch noch Hagel und Gewitter dazu. Georg wurde unruhig. Als Regen und Wind ein wenig nachließen, konnte er sich nicht im Stuhl halten. „Ich muss raus – ich geh mal nachsehen, wie es den Kohlpflanzen geht!" rief er, während er seine Jacke vom Haken nahm und verschwand nach draußen. Es wurde ein gemütlicher Abend bei einem Haufen frisch gepuhlter Krabben und leckerem Dithmarscher Bier. Die Kohlpflanzen hatten das Unwetter überstanden und auch Georg saß wieder entspannt in unserer Runde. Zumindest etwas entspannter. Deutlich nervös waren nämlich beide: Telsche und Georg würden doch morgen den ersten Tag ihres großen Festes beginnen: ihrer Goldhochzeit.

Der Nordseeküstenradweg

Rund 6000 Kilometer lang ist der gesamte Nordseeküstenradweg, der einmal rund um die Nordsee führt: Von den
Shetland-Inseln geht es die schottische Küste hinunter bis
nach Ipswitch in Südengland. Hier kann man per Fähre
Rotterdam erreichen und der holländischen und deutschen
Nordseeküste bis Dänemark folgen. Über Dänemark geht es
an der schwedischen Küste weiter nach Norwegen, wo der
Radweg schließlich in Bergen endet. Da die Fährverbindung
von Bergen zu den Shetlandinseln 2009 eingestellt wurde,
ist eine Rundreise im ursprünglichen Sinne nicht mehr
möglich. 907 Kilometer des Radwegs führen durch Deutschland, hier erstreckt sich der Nordseeküstenradweg von
Bunde an der niederländischen Grenze bis nach Niebüll an
die dänische Grenze.

Auf unserer Tour haben wir dem Nordseeküstenradweg auf
seinem nordfriesischen Teilabschnitt gefolgt. Von Niebüll
führte er uns über Husum, Büsum bis nach Brunsbüttel an
der Elbe und weiter nach Glückstadt. Die Landschaft der
nordfriesischen Küste wird dominiert durch das Wattenmeer mit seinen Salzwiesen, Marschflächen, Dünen und
Sandbänken. Große Sturmfluten im 14. und 17. Jahrhundert führten zu wesentlichen Umwandlungen der Küste und
schufen die Landschaft mit seinen Halligen und Inseln in
seiner heutigen Form. Am 26. Juni 2009 wurde das Wattenmeer von der UNESCO als grenzüberschreitendes Weltkulturerbe anerkannt. Das Wattenmeer ist eine der weltweit
größten und wichtigsten gezeitenabhängigen Feuchtbiotope
und hat als Rastgebiet für Zugvögel eine globale Bedeutung
Die außergewöhnlich große Artenvielfalt und ökologische
Bedeutung des Wattenmeeres ist auch ein Grund für die

Aufnahme als Weltkulturerbe.

Die Salzwiesen beherbergen rund 2.300 Pflanzen- und Tierarten die brackwassserhaltigen Zonen weitere 2.700 Arten. Zu den im Wattenmeer lebenden Säugetieren gehören Seehunde, Kegelrobben und Schweinswale. Im Schlick tummeln sich Muscheln, Krebse, Faden- und Strudelwürmer usw. Die Zugvögel auf Ihrem Weg von Südafrika entlang der Atlantikküste nach Nordsibirien oder Kanada nutzen das Wattenmeer als Rast- bzw. Überwinterungsgebiet. Jährlich ziehen im Schnitt 10-12 Millionen Zugvögel durch das Gebiet. Zu bewundern ist hier auch die einmalige Halligwelt, die nur im nordfriesischen Wattengebiet zu finden ist. Durch ständige Schlickablagerungen sind hier Inseln entstanden, die im Gegensatz zu den anderen Inseln keine Landreste aus Sturmflutzeiten sind. Die regelmäßigen Überflutungen führen zu weiteren Schlickablagerungen und lassen die Halligen weiter emporwachsen. Einige Halligen sind dauerhaft bewohnt. Hier stehen die Häuser auf künstlich aufgeschütteten Hügeln, den sogenannten Warften. Bei mittleren Sturmfluten stehen die Inseln regelmäßig unter Wasser und nur die Warften schauen heraus.

Ein weiterer Höhepunkt dieses Teilabschnittes des Nordseeküstenradwegs ist das Eidersperrwerk nördlich von Büsum. Eiderstedt wurde in den letzten Jahrhunderten aus verschiedenen Inseln und Halligen zusammengedeicht. Das Sperrwerk reguliert den Wasserstand der Eider und spült unerwünschte Sedimente aus dem Flussbett durch die starke Strömung. Von hier gelangt man nach Dithmarschen, das bis über die Landesgrenzen hinweg als bedeutendstes Kohlanbaugebiet bekannt ist. Der gute Marschboden begünstigt den Kohlanbau, so dass jedes Jahr über 80 Millionen Kohlköpfe geerntet werden.

Mit dem offiziellen Kohlanschnitt beginnen im September auch die Dithmarscher Kohltage. Hier können die Besucher sich über alle Themen rund um den Kohl informieren. Was den Winzern die Weinkönigin ist, ist den Dithmarschern die Kohlregentin, die als Fachfrauen zum Thema Kohl ein traditionsreiches Ehrenamt besetzten.

Auf die Schlacht von Hemmingstedt im Jahre 1500 sind die Dithmarscher heute immer noch stolz. Damals besiegte die Bauernschaft die zahlenmäßig weit überlegenen Truppen des dänischen Königs und bewahrten den Dithmarschern die Unabhängigkeit

Auf den Seehundbänken vor der Küste Dithmarschens bringen die Seehunde ihre Jungen zur Welt. Verletzte oder alleingelassene Jungtiere sind die sogenannten Heuler. Diese Tiere werden in der Seehundstation in Friedrichskoog aufgepäppelt und wieder in die Nordsee gebracht. In der Station kann man sich als Besucher über die Biologie, Lebensräume und Gefährdung der Seehunde informieren. Einige Seehunde, die in der freien Natur keine Überlebenschance hätten, leben dauerhaft in der Seehundstation.

Hinter Brunsbüttel überquert der Nordseeküstenradweg den Nord-Ostsee-Kanal. Diese meistbefahrene künstliche Wasserstraße der Welt ist für die Industrie- und Hafenstadt Brunsbüttel von wirtschaftlicher und touristischer Bedeutung. Rund 130 Schiffe passieren die gewaltige Schleuse zwischen Elbe und Nord-Ostsee-Kanal täglich. Im April diesen Jahres begannen die Bauarbeiten für die fünfte Schleusenkammer des 100 Jahre alten Bauwerks. Dies soll Platz für größere Schiffe schaffen und die älteren Schleusenkammern entlasten. Aufgrund der steigenden Nachfrage für

Waren in den baltischen Staaten nutzen immer mehr Frachtschiffe die Wasserstraße des Nord-Ostsee-Kanals. In Glückstadt endete für uns der Nordseeküstenradweg: ein idyllisches kleines Städtchen mit malerischem Ambiente, kleinen verträumten Gässchen und einem historischen Stadtkern. Gegründet wurde Glückstadt 1617 von Christian IV., König von Dänemark und Norwegen und Herzog von Schleswig und Holstein, um dem wachsenden Hamburg einen Gegenpol zu bieten. Dass Glückstadts Geschichte nicht immer friedlich war, davon zeugt eine Kanonenkugel, die in die Fassade der 1631 eröffneten Mühlen-Bäckerei eingemauert wurde. Vor allem in der Auseinandersetzung mit Hamburg ging es gelegentlich hoch her: Als Erinnerung an eine Seeschlacht auf der Elbe wird an der Kirche stolz der erbeutete Anker des Admiralitätsschiffes der Hamburger Flotte präsentiert.

an der Elbe

Glücklich in Glückstadt

06. Mai: Kronprinzenkoog - Glückstadt
Etappe: 51,3km
Fahrtzeit: 3h 26min

Volker: "Heute fahren wir wieder Fahrrad!" berichtete Nils stolz seiner Oma beim Frühstück. Die Fahrradtaschen standen schon gepackt in der Wohnung. Aber vorher konnte Nils sich mit seinem Laufrädchen ein bisschen austoben. Runde um Runde ging es mal wieder um den Hof und durch die Scheune, während ich die Fahrräder sattelte und die Anhänger befestigte.

Bei bestem Wetter stiegen wir schließlich in die Sättel und freuten uns, wieder in Bewegung zu sein. Als wir das nächstgelegene Städtchen Marne verließen, ging es entlang des Deiches vorbei an Wiesen und Äckern, Kühen und Schafen in Richtung Brunsbüttel. Dank des Schutzes durch den Deich fuhren wir heute im Windschatten und kamen zügig voran.

In Brunsbüttel tat sich dann plötzlich die Elbe vor uns auf. Ein wahnsinniges Gefühl! Die Frachtschiffe, dicht gepackt mit riesigen Containern, zogen an uns vorbei. Bald hatten wir diese aber wieder eingeholt, als wir auf die Schleuse zum Nordostseekanal zu radelten. Hier reihten sie sich brav in Reih und Glied in die Wartehallen vor der

Schleuse ein. Wir waren beeindruckt von der riesigen Schleuse, die in vier Schleusenkammern die großen Kähne in den Kanal und wieder hinaus in die Elbe ließ.

Die Sonne schien warm vom Himmel und bei dem atemberaubenden Schauspiel der vorbeifahrenden Frachter beschlossen wir, eine frühe Mittagspause einzulegen. Was gab es Schöneres auf unserer Tour, als den Moment genießen zu können. Ein sehr kinderfreundliches Café direkt am Kai bot uns einen wunderbaren Platz, um einen Kaffee genießen zu können. Für Johanna konnten wir einen Brei warm machen lassen und so war für alle gesorgt. Ein netter Herr bewunderte unsere Ausrüstung und wir kamen ins Gespräch. Als passionierter Radfahrer war er sofort begeistert von unserer Reise. "Wie viele Leute meinen, sie könnten solche Touren nicht mehr machen, wenn sie zwei Kinder haben" überlegte er. "ihr seid der lebende Beweis, dass das trotzdem geht! Die Kinder werden schon von klein auf an diese Art zu reisen gewöhnt - das ist doch großartig" Er selbst sei schon einmal um ganz Deutschland herum geradelt. "Allerdings in Etappen: ich habe immer zehn Tage von meinem Jahresurlaub dafür genommen." erinnerte er sich. "Und damals gab es noch die DDR, da musste ich von Westberlin immer erst zum meinem Ausgangspunkt mit dem Zug fahren." Auch

Österreich und die Schweiz habe er schon umrundet, berichtete er uns stolz.

Nur der Wetterbericht ließ uns etwas aus der Ruhe bringen. Am frühen Nachmittag sollte es wieder Regen und Gewitter geben. Mit der Erfahrung vom Vortag, an dem das Gewitter unglaublich heftig ausgefallen war und wir froh waren, bei den Hagelschauern nicht auf dem Rad zu sitzen, machten wir uns um 12 Uhr auf den Weg zu Fähre. Für Nils war diese kleine Fährfahrt ein fantastisches Erlebnis. Auch wenn die Überfahrt nur fünf Minuten dauerte - den großen Containerschiffen kamen wir so ganz nah!

Nach der Überfahrt führte uns der Radweg durch das angrenzende Industriegebiet wieder auf Felder und Wiesen. Doch die Idylle wurde von schnell getrübt: Das Atomkraftwerk von Brunsbüttel tauchte hinter dem Deich auf. Und mit ihm viele hohe Strommasten. Irgendwie gab die Landschaft hier ein skurriles Bild ab: Die grasenden Kühe und weidenden Schafe vor dem Atomkraftwerk und unter den Strommasten. Im Hintergrund das Gewässer der Elbe.

Hier hatten wir den Deich auf der linken Seite und somit keinen Schutz vor dem Südwestwind. Es ging im vollen Gegenwind weiter am Ufer der Elbe entlang Richtung Glückstadt. Fluchend kämpften wir uns Meter um Meter voran. Schon bald tauchte vor uns das nächste

Atomkraftwerk auf: Brokdorf, mit seiner beeindruckenden weißen Kuppel. Für uns, die nicht mit dem Bild eines Atomkraftwerks vor der Nase zuhause leben, verursachte der Anblick ein merkwürdiges Gefühl. Direkt neben dem Kraftwerk vorbeizufahren und auf der anderen Seite die Elbe mit ihren schönen Sandstränden zu sehen, war schon merkwürdig. Eben fuhr auch ein mehrmastiges Segelschiff an uns vorbei.

Jetzt wurde es aber auch langsam Zeit, unser Etappenziel zu erreichen. Die Kinder wurden ungeduldig. Nils hatte lange Zeit entspannt im Anhänger gesessen und die Landschaft betrachtet. Nun war es ihm wohl zu langweilig geworden. Da machte es doch viel mehr Spaß, auszuprobieren, was man mit seiner schlafenden Schwester alles anstellen kann. Mit dem Versprechen einer kleinen Gummibärchentüte konnten wir ihn von seinem Tun abhalten und die letzten Kilometer beruhigen. Wir traten kräftig in die Pedale und erreichten auch bald unser Ziel: Glückstadt.

Für uns passte der Name des Städtchens perfekt zu unserem heutigen Tag! Ein Glückstag! Eine super Radtour, die wahnsinnig viel Spaß gemacht hat, ein hübsches Etappenziel und glückliche Eltern mit glücklichen Kindern. Das waren sie wirklich, als sie aus dem Anhänger ausstiegen. Zwar konnten wir heute nicht in der Jugendherberge übernachten, da diese schon ausgebucht war. Wir mussten mit einem Pensionszimmer von einer Bäckerei vorliebnehmen. Dafür waren wir diesmal mitten in der Stadt. Zur Belohnung für alle gab es erst mal ein großes Eis und dann einen kleinen Spaziergang durch den Ort. Hübsche bunte Backsteinhäuser reihten sich hier aneinander, die kleinen Gässchen luden zum Spaziergang ein.

„Schaut mal, da oben steckt noch eine richtige Kanonenkugel in der Hauswand!" rief Berit plötzlich. „Warum denn?" war Nils Reaktion. „Da ist diese Stadt früher sicher mal unter einen Kanonenhagel geraten. Hier ist es sicher auch nicht immer friedlich zugegangen!" überlegte ich. „Das stimmt!" bestätigt ein Fußgänger, der unser Gespräch mitbekommen hatte. „Das ist noch ein Relikt aus dem frühen 19. Jahrhundert. Damals gehörte Glückstadt zum Dänischen Königreich und stand lange unter der Belagerung der Schweden, Preußen und Engländer. Nach heftigen Gefechten siegten die Verbündeten im Januar 1814 und besetzten die Stadt."

Auf unserem Spaziergang durch die Stadt trafen wir auf einen anderen Radreisenden, der mit einem zweiten beladenen Hinterrad unterwegs war. Peter kam aus Ulm und hatte noch bis Ende August Zeit für seine Radtour. "Ich möchte hoch bis zum Nordkap fahren" erzählte er. "Wie mich der Weg führt, ist noch offen. Ich habe weder die Route geplant noch irgendetwas vorgebucht." Die letzte Nacht habe er zum Beispiel in einer Scheune im Stroh übernachtet. „Wenn ich müde bin vom Radfahren oder an einem schönen Ort angekommen bin, suche ich mir einen Platz zum Übernachten." Auch er war begeistert von unserer Tour mit den Kindern. Wir hatten uns viel zu erzählen und Anekdoten auszutauschen. Ihn hielt es an diesem Ort für heute aber nicht. Er stieg wieder in den Sattel und winkte uns fröhlich zum Abschied zu: "Mal sehen, wie weit ich heute noch komme! Euch noch eine schöne Reise!" Das waren sie - diese kleinen Begegnungen mit Menschen, die unsere Reise so besonders machten!

Unsere Runde durch die Stadt führte uns auch zum Hafen. Das abwechslungsreiche Spiel der Fassaden an der Uferstraße beeindruckte uns sehr. „Kein Wunder das diese Straße als bedeutendste und schönste Uferstraße Norddeutschlands bekannt ist!" rief Berit. Die gesamte Häuserzeile steht heute unter Denkmalschutz.

Nach unserer Runde am Hafen kamen wir an einem schönen Spielplatz vorbei. Nils freute sich wahnsinnig über einen großen Sandkasten mit vielen anderen Kindern, wo er nach Herzenslust Sandkuchen backen konnte. Auch die

Rutsche ließ sein Herz höherschlagen. Johanna war nach einem kleinen Schläfchen im Tragetuch wieder fit und bewunderte den Sand, der durch ihre Finger rieselte.

Wir Eltern standen am Rande des Sandkastens und beobachteten glücklich unsere spielenden Kinder. „Wahnsinn, wie unsere Kinder die Reise mitmachen." meinte Berit nachdenklich. „Ja, da geht einem das Herz auf, wenn man in die glücklichen Augen unserer Kinder blickt, nicht wahr?" lachte ich. „Nils, der mit neugierigen Augen alles in sich aufsaugt und die ganze Zeit alles fröhlich nachplappert, was er erlebt. Und Johanna, die mit stoischer Ruhe alles mitmacht und dann fröhlich klatschend und lachend immer mit dabei ist."

Diesen wunderbaren Tag rundete mal wieder ein gutes Essen ab: Bei Burger, Pommes und Bier für uns und einem großen Haufen Nudeln für die Kinder verbrachten wir einen richtig schönen Abend im Restaurant. Mit unseren Kindern konnte man im Moment entspannt essen gehen - das machte wirklich Spaß. Die Kinder wickelten die Kellner um ihre Finger, so dass ihnen jeder Wunsch von den Augen abgelesen wurde. Johanna saß fröhlich in ihrem Stühlchen, schob Nudel um Nudel in den Mund und lachte und gluckste dabei.

Das alte Land

07. Mai: Glückstadt - Stade
Etappe: 31,5km
Fahrtzeit: 1h 52min

Volker: Geweckt wurden wir von den Regentropfen, die gegen das Fenster trommelten. „Mist!" ging mir sofort durch den Kopf. „Bei so einem Wetter können wir nicht losfahren." Zunächst einmal ließen wir uns aber das leckere Frühstück in der Bäckerei schmecken. Beim Blick auf das Regenradar im Wetteronline App wurde uns ein wenig Hoffnung gemacht: ab Mittag sollte die Sonne wieder zum Vorschein kommen und der Regen aufhören.

„Bei dem Regen wollt ihr wohl nicht mit den Kindern losfahren. Lasst euch Zeit" sagte der nette Vermieter und wir durften unser Zimmer den Vormittag noch in Beschlag nehmen. Am Nachbartisch saß ein Pärchen, das auch mit den Rädern unterwegs war. Sofort kamen wir ins Gespräch: Claudia und ihr Freund fuhren den Elberadweg entlang. Die beiden Kölner waren sehr interessiert an unserer Reise. "Wenn wir Kinder haben, wollen wir auch nicht auf unsere Radtouren verzichten. Fantastisch, dass ihr uns zeigt, dass dies auch noch mit Kindern möglich ist". Neugierig wollten die beiden alles über unsere Reise wissen. „Wie seid ihr auf die Projektidee gekommen sind?" „Wie funktioniert das

Radfahren mit zwei Kindern denn genau?". Die zwei waren auch schon mehrere Touren gefahren. „Einmal sind wir von Rotterdam die gesamte deutsche Nordseeküste entlanggefahren. Über Dänemark, Norwegen und England." Wir waren begeistert und ein nettes Gespräch ergab sich. Schließlich trennten sich unsere Wege. Wir wünschten den beiden viel Spaß auf den letzten Kilometern des Elbe-Radweges und hofften, dass wir uns einmal wiedersehen - vielleicht sogar in Köln.

Den regnerischen Vormittag nutzen wir, um noch einige Erledigungen zu machen. Berit ging mit Nils ein neues BUFF kaufen und Volker wollte endlich die Gelegenheit nutzen, einen längst überfälligen Friseurbesuch nachzuholen. Die Kinder bekamen im Café noch ein Mittagessen, bevor es dann endlich weitergehen konnte. Zwar näherte sich uns eine dicke, fette schwarze Wolke am Himmel, aber im Moment war es trocken und wir setzten uns auf den gepackten Rädern in Bewegung Richtung Elbfähre.

Ein paar Regentropfen bekamen wir doch noch ab, bis wir die Fähre erreichten. Zum Glück zogen die schwarzen Wolken schnell an uns vorbei und ab nun sollte den ganzen Tag die Sonne scheinen. Leider schliefen die Kinder während der gesamten Überfahrt und verpassten somit ein aufregendes Erlebnis. Bei dem starken Wind und der

Elbströmung spritzte das Wasser auf die Autofähre und wir wurden ein wenig nass. Zugegeben war die Überfahrt mir nicht geheuer und ich war froh, als wir die andere Seite erreicht hatten.

Auf Wiedersehen Schleswig-Holstein: ab jetzt radelten wir durch Niedersachsen.

Südlich der Elbe hatten wir nun das Alte Land erreicht. Apfelplantagen, Deiche und schmucke Dörfer prägen Deutschlands größtes zusammenhängendes Obstanbaugebiet. Für uns war der Weg nach Stade eher unspektakulär. Wir wählten den Radweg entlang der Landstraße, um schnell unser Ziel zu erreichen, da für den späteren Nachmittag wieder Regen angesagt wurde. Entlang der Landstraße radelten wir mit einer Durchschnittsgeschwindigkeit von 16 Km/h die letzten 26 Kilometer bis nach Stade. Übernachten wollten wir wieder in der Jugendherberge und Nils freute sich schon sehr. Das Schöne bei den Jugendherbergen war, dass die Kinder sich hier gleich etwas heimisch fühlten. Der Ablauf, die Zimmer, die Betten... alles war immer im Prinzip gleich. Nils fühlte sich pudelwohl in den Herbergen. Unser Bestreben war es, die Kinder im fest in unseren Tagesablauf einzubinden. Auch wenn es dadurch manchmal etwas länger dauerte. So durfte sich Nils zum Beispiel immer als erstes das Bett im neuen Zimmer aussuchen. Danach half er beim Bettenmachen tatkräftig mit. Dazu gehörte dann auch, mit den Bettlaken eine Runde Gespenst zu spielen. Zu seinem Schutz hatten wir einen zusammenklappbaren Rausfallschutz im Gepäck. Diesen konnte Nils mit der Zeit fast selbstständig aufbauen. „Erstaunlich, wie schnell er sich die einzelnen Arbeitsschritte gemerkt hat!" dachte ich bewundernd. „Papa, jetzt bauen wir wieder meine Höhle!" rief er begeistert. Im unteren Bett des Stockbetts hatte er sich inzwischen gemütlich eingerichtet. Ganz stolz schlief er dann jeden Abend in seiner "Höhle" ein.

In den Jugendherbergen ist es kein Problem für die Kinder, sich frei zu bewegen. Während wir weiter die Satteltaschen auspackten und auch die Betten für Johanna und uns herrichteten, marschierte er selbstbewusst in den Flur und betrachtete neugierig die neue Umgebung. Auf einmal gab es ein ohrenbetäubendes Geheule und Nils kam verschreckt ins Zimmer zurückgelaufen und hielt sich die Ohren zu.

„Feueralarm!" rief ich und rannte aus dem Zimmer. Schnell war mir klar, was passiert war: Nils hatte an einer der Notausgänge an der Sicherung gespielt und damit den Feueralarm ausgelöst. Erinnerungen an unsere Elternzeit in Norwegen gingen mir direkt durch den Kopf: Beim Kochen in einer kleinen Hütte war uns etwas angebrannt und durch den Qualm wurde damals auch der Feueralarm ausgelöst. Ich rannte sofort vor zur Rezeption, während sich Berit um den verängstigten Nils kümmerte. Die Herbergsmutter folgte mir direkt zu der entsicherten Tür. „Zum Glück wird der Alarm nicht direkt zur Feuerwache geroutet - das kann teuer geworden, wenn hier zwei Löschzüge anrücken" lachte sie.

Jugendherbergsroutine für Nils

Nachdem die Herbergsmutter den Alarm ausgeschaltet und die Tür wieder gesichert hatte, hörte der Lärm auf und Nils beruhigte sich. Noch beim Abendessen wiederholte Nils stets mit mahnendem Blick: "nicht an den grünen Dingern spielen - mache ich nicht mehr" Das Erlebnis hatte nachhaltig bei ihm Eindruck hinterlassen. Das würde ihm sicher nicht noch einmal passieren. Den Nachmittag verbrachten wir mit einem Spaziergang durch Stade. Neben der beeindruckenden Altstadt hatte Stade auch den bisher genialsten Kinderspielplatz der Tour. Eine große Abenteuerburg und ein Piratenschiff aus Holz begeisterten die Kinder für eine lange Weile.

Spaziergang in Stade

Elternzeit ist Spielplatz-Zeit

08. Mai: Stade - Selsingen
Tagesetappe: 43,8km
Fahrtzeit: 2h 49min

Berit: Was gibt es Schöneres als in die vor Glück strahlenden Augen seiner Kinder zu schauen? Nils konnte sich am heutigen Abend kaum noch auf den Beinen halten vor Müdigkeit. Er saß mit uns am Esstisch und schaufelte Löffel für Löffel Kartoffelpüree in sich hinein! Was für ein Tag für den Zweijährigen! Wir hatten Stade heute morgen bei schönstem Sonnenschein verlassen und uns auf den Weg nach Selsingen gemacht. Die Kinder kannten inzwischen die Routinen beim Fahrradfahren und nutzen die Tour für ein kleines Schläfchen. Der Weg führte uns durch Wiesen und Felder, vorbei an einer alten Mühle und durch ein kleines Wäldchen. Sehr idyllisch, aber teilweise auch anstrengend zu fahren, wenn der Radweg nur noch ein kleiner Trampelpfad war oder gar nur ein Schotterweg.

Nach etwa zwei Stunden Fahrzeit wurden die Kinder langsam unruhig im Anhänger. Die gesamte Strecke durchzufahren wäre sicher keine gute Idee gewesen und für alle Beteiligten mit Stress verbunden. Das Wetter war weiter schön und als wir durch das nächste Örtchen radelten, sahen wir uns nach einem geeigneten Platz für eine

Mittagspause um. Da kam uns ein großer Sportplatz mit einem netten Spielplatz gerade recht! So hatten wir uns das in unseren Planungen der Reise immer vorgestellt: die Picknickdecke ausgebreitet, den Kocher aufgebaut und ein entspanntes Päuschen konnte beginnen. Nils flitze sofort los zur Rutsche und Johanna freute sich über die Gelegenheit auf der Decke zu krabbeln. Ihren Brei hatte Volker auf dem Gaskocher schnell warm gemacht. Wir verschlangen hungrig unsere Butterbrote.

Traumhaft! Kein Zeitdruck, keine Termine, nur Zeit für uns - das ist unsere Elternzeit, wie wir sie uns gewünscht haben! Wir verbrachten mindestens ein Stündchen auf dem Spielplatz, bis wir unsere wieder müden Kinder problemlos in den Anhänger setzten und den Weg zu unserem heutigen Ziel fortsetzten.

Die nächste Nacht wollten wir auf einem Ferienhof in Selsingen verbringen. Dort hatten wir glücklicherweise noch kurzfristig eine kleine Ferienwohnung bekommen. Als wir am frühen Nachmittag dort eintrafen, wurden nicht nur Nils Augen immer größer: Hier gab es wirklich alles, was das Kinderherz begehrt! Die freundliche Besitzerin führte uns über den Hof. "Hier sind die kleinen Kaninchen, da dürft ihr gerne in den Stall gehen und sie streicheln. Aber keine mit rausnehmen und keine Katzen mit reinbringen!"

Nils zerrte schon aufgeregt an Papas Hand. "Ein blauer Traktor, Papa!" Wir standen vor einem riesigen Fuhrpark an fahrbaren Untersätzen für Kinder. Neben dem kleinen Traktor gab es diverse Bobbycars, Dreiräder, Fahrräder und Kettcars in der Scheune. Nebenan standen die kleinen Kälbchen im Stall. "Da hinten ist der Stall für die Milchkühe" erklärte die Frau. "Heute Abend könnt ihr gerne zusehen, wenn die Kühe gemolken werden." Beim Hühnerstall durfte Nils direkt nachsehen ob die Hühner ein Ei gelegt hatten. Tatsächlich! Wir nahmen direkt ein paar frische Eier fürs Abendessen mit.

"Dort hinten stehen die Pferde und wenn ihr Traktor fahren wollt, nimmt euch mein Mann sicher gerne mit!" Was für ein Paradies! Natürlich gab es auch noch eine Spielscheune, in der man im Heu toben konnte, einen Spielplatz, ein Trampolin, eine Lagerfeuerstelle und vieles mehr!

"Hier können wir nicht nur eine Nacht bleiben" überlegten wir und fragten direkt nach einer Verlängerung unseres Aufenthaltes für eine weitere Nacht. Wir hatten Glück und die Wohnung war noch frei. Erklären, warum Nils am Abend so müde war, brauchte man sicher nicht mehr. Er wusste vor lauter Begeisterung gar nicht, was er als erstes machen sollte.

Wir genossen den Luxus einer richtig schönen Ferienwohnung. Wenn man länger in Jugendherbergen und anderen günstigen Unterkünften unterwegs ist, weiß man den Luxus richtig zu schätzen. Ein abgetrenntes Schlafzimmer, ein Doppelbett (!!), eine Küchenzeile mit Mikrowelle und Spülmaschine und ein eigenes Bad. Wieder mal glücklich und zufrieden gingen wir heute ins Bett!

Fahrradreisen mit Kindern: funktioniert das?

"Die armen Kinder! Die müssen den ganzen Tag im Anhänger sitzen, während ihr eure Fahrradtour macht?" Wie oft mussten wir uns den Spruch im Vorfeld unserer Tour anhören. "Jeden Nacht in einem anderen Bett - wie machen die Kinder das mit?" oder "puh, mit zwei Kindern... das wäre mir aber zu anstrengend!" Natürlich hatten auch wir Respekt vor unserer Tour, aber wir wollten uns ins Abenteuer schmeißen und es einfach mal ausprobieren.

Bisher war das Ergebnis großartig: Wir waren jetzt seit fast zwei Wochen unterwegs und hatten uns so langsam eingespielt in unseren Reise-Rhythmus.

Es war faszinierend zu sehen, wie entspannt die Kinder das alles mitmachten. Erstaunlich wie anpassungsfähig die Kleinen doch sind. Klar, die ersten Abende waren anstrengend: meist dauerte es über eine Stunde, die beiden ins Bett zu bringen. Aufgeregt vom Tag und den neuen Eindrücken war das Einschlafen in der neuen Umgebung nicht leicht. Aber irgendwie schafften es die Kinder, sich auch auf der Reise ihr kleinen Routinen anzueignen: Nils freute sich immer beim Ankommen in einer neuen Herberge, dass er sich sein Bett aussuchen durfte. In den Jugendherbergen, wo es meist Stockbetten gibt, richteten wir ihm dann seine kleine Höhle zum Schlafen ein, indem der Rausfallschutz am unteren Etagenbett angebracht wurde. Betten beziehen und wieder abziehen war für ihn genauso Alltag geworden wie das Packen der Fahrräder am Morgen. "Fahren wir heute wieder Fahrrad?" versicherte er sich. "Schlafen wir wieder in einer neuen Jugendherberge?" Alles war in so kurzer Zeit normal geworden für den Kleinen.

Auch an die veränderten Schlafzeiten (vormittags im Anhänger) hatte er sich super angepasst. Auch an den Ruhetagen wurde er oft zwischen 9 und 10 Uhr müde - die Zeit, in der wir an Reisetagen in die Pedale traten.

Johanna machte mit ihren 10 Monaten sowieso alles mit. Für sie war es wichtig, genug Raum für Bewegung und zum Entdecken zu schaffen. Ansonsten brauchte sie noch viel Schlaf, sodass die Radtouren mit ihr überhaupt kein Problem waren. Das Wichtigste: entspannte Eltern haben auch entspannte Kinder. Das gilt auch im Urlaub. Je länger wir auf Tour waren, desto mehr entspannen auch wir uns. Das färbte sich auf die Kinder ab. Wir durften erfahren, dass man mit seinen Kindern fast alles gemeinsam machen kann, solange man sensibel genug bleibt, auf ihre Bedürfnisse zu achten.

Auch für uns war die Reise anders, als wenn man sie ohne Kinder machen würde. Es waren so viele Eindrücke, die wir in so kurzer Zeit erlebten, dass es uns manchmal schwerfiel, zusammen zu bringen, welches Erlebnis, welche Herberge und welches Restaurant an welchem Ort war. Wir waren eben sehr damit beschäftigt, uns um die Kinder zu kümmern. Wären wir allein unterwegs, wäre sicher mehr Zeit, entspannt bei einem Kaffee einen Ort auf sich wirken zu lassen oder sich die ein oder andere Stadt genauer anzuschauen. Aber das Ziel unserer Reise war vor allem das gemeinsame Erlebnis als Familie. Das funktionierte bisher wunderbar. Auch wenn wir jetzt nicht alle Sehenswürdigkeiten auf unserer Tour besuchen konnten, so kannten wir immerhin alle Spielplätze und Parks.

Teufelsmoor und Rathaus-Riesen

10.-12. Mai: Bremen

Berit: Durch das Teufelsmoor führte uns der Weg von Selsingen nach Bremen. Die insgesamt 600 Quadratmeter große Moorlandschaft zwischen Bremen und Bremervörde beiderseits der Ufer von Hamme und Oste ist die größte Moorlandschaft in Nordwestdeutschland. Sagenumwoben ist diese Gegend wie kaum eine andere. Nicht nur Menschen und Tiere sollen in der Moorlandschaft verschwunden sein - sogar der Teufel selbst sei hier auf Irrwege geführt worden, heißt es.

Ich erinnerte mich noch genau, wie gruselig ich es damals fand, als mein Opa uns Kindern damals von den Moorleichen erzählte und wir diese sogar im Museum in Bremen anschauen konnten.

Aber statt sumpfiger Moorlandschaft radeln wir durch eine geschniegelte und gestriegelte Kulturlandschaft: Wälder, Wiesen mit properen Bauernhöfen und ansehnlichen Mais- und Rapsfeldern. Das Teufelsmoor ist schon lange kein Moor mehr: was Moor war, wurde seit dem 18. Jahrhundert systematisch trockengelegt und zu Bauernland umgewandelt. Auch hat das "Teufelsmoor" nichts mit dem Satan zu tun: der Begriff ist eine Verballhornung des

88

niederdeutschen "doves Moor", was taub oder unfruchtbar bedeutet.

Wir durchquerten das historische Städtchen Lilienthal bis wir den Bremer Stadtteil Borgfeld erreichten. Ein kleines Highlight erwartete uns hier: mit meiner Tante waren wir hier zum Eisessen verabredet. Sie wohnte hier und erwarte uns schon auf der sonnigen Terrasse vom Eiscafé. Natürlich war es großes Hallo! Die beiden West-Highland-Terrier meiner Tante mischten kräftig mit und lösten dadurch erschrecktes Geschrei von Johanna aus, die die Freude so überschwänglicher Hunde nicht gewöhnt war. Das Eis hatten wir uns mehr als verdient - Nils interessierte aber besonders die kleine Rutsche in der Kinderspielecke auf der Terrasse.

Nach vielem Erzählen und Plaudern war es schließlich Zeit zum Aufbruch. Schließlich wollten wir unsere Unterkunft noch vor dem Abend erreichen. Die Jugendherberge von Bremen war unsere Herberge für die kommenden zwei Nächte. Direkt an der Weser in der Bremer Innenstadt gelegen bot sie einen perfekten Ausgangspunkt, die Hansestadt zu Fuß entdecken zu können.

Die Bremer Stadtmusikanten, Roland der Riese am Rathaus zu Bremen, schmale Altstadt-Gässchen im Bremer Schnoor, aber auch das Großstadtgetümmel beeindruckten uns in Bremen. Nach zwei Wochen im Sattel durch die Landschaft mit kleinen Dörfern und Städtchen war es ein komisches Gefühl durch den Verkehr einer Großstadt zu radeln. Wir waren froh, als wir die Räder in der Jugendherberge deponiert hatten und die Stadtbesichtigung mit Kinderwagen fortsetzen konnten.

Bei den Bremer Stadtmusikanten

Roland der Riese am Rathaus zu Bremen

Rolandstatuen gibt es in vielen deutschen Städten, die als Symbol für Freiheit und Marktrecht errichtet wurden. Der Bremer Roland ist jedoch eine der ältesten und laut den U-NESCO-Experten die repräsentativste und schönste der Statuen. Seit dem 2. Juli 2004 zählt er gemeinsam mit dem Bremer Rathaus zum Welterbe. Der fünfeinhalb Meter (vom Sockelfuß bis zur Spitze des Baldachins 10,21 m) große steinerne Riese wurde 1404 errichtet, nachdem ein hölzerner Vorgänger 1366 von Söldnern des Erzbischofs zerstört worden war. Der Abstand seiner spitzen Knie beträgt genau eine Bremer Elle, die Elle galt früher als Maßeinheit. Schon damals galt diese Statue als Symbol der Freiheit und Unabhängigkeit der Stadt. Roland trägt einen Wappenschild mit dem doppelköpfigen kaiserlichen Reichsadler. In Bremen erzählt man gern, dass die Stadt so lange frei und selbstständig bleibe, wie der Roland steht und über sie wacht. Die Legende, dass deswegen eine zweite Rolandstatue als schnell verfügbarer Ersatz in den Kellergewölben des Rathauses versteckt sei, beruht wohl auf der Deponierung des Eisernen Roland im Rathaus zwischen den Weltkriegen. Wie bei den wenige Meter entfernten Stadtmusikanten, gibt es für den Roland einen Brauch, der besagt, wer ihm das Knie gerieben habe, der kehre nach Bremen zurück. Der steinerne Riese ist die wohl älteste freistehende Monumentalfigur in Deutschland. Ob es dem Schutz seines Schildes zu danken ist, dass Bremens Rathaus mit der herrlichen Renaissancefassade bis heute der Zerstörung entgangen ist? Auf jeden Fall war die Rolandsfigur ein Zeichen der Marktfreiheit im Mittelalter und Sinnbild der Unabhängigkeit.

Weserradweg ohne Weser

12. Mai: Bremen - Verden
Etappe: 48 km
Fahrtzeit: 2h 48min

Volker: "Es riecht nach Sommer" war die erste Empfindung, die mir in den Kopf kam, als wir wieder im Sattel saßen und uns auf den Weg entlang der Weser nach Verden machten. Wie schön, nach den zwei Tagen Pause in der Großstadt wieder weiter zu radeln. "Perfektes Fahrradwetter" bestätigte Berit. Zwar war es noch bedeckt, aber schon angenehm warm und bei leichtem Fahrtwind fiel uns das Radeln ganz leicht. Mein Herz schlug dann nochmal höher, als wir direkt vorm Weserstadion vorbeiradelten. Als wir Bremen schließlich nach einer Fahrt mitten durch die Hafenindustrie verließen, ging es weiter am Deich, vorbei an leuchtend gelben Rapsfeldern und das leicht im Wind wogende saftig grüne Korn. Von der Weser war weit und breit keine Spur. Die schlängelte sich auf der anderen Seite vom Deich getrennt durch kilometerlange Wiesen. "Wenn wir es nicht besser wüssten, könnte das auch noch Nordsee sein" meinte Berit. "Nur der Wind war da stärker!" lachte ich.

Es war eine wunderbare Fahrt und wir kamen schnell voran: Kein Anstieg, der uns aufhielt. Als wir nach etwa 1,5 Stunden den Ort Achim erreichten, waren die Kinder inzwischen aufgewacht. Für sie war das Fahren im Fahrradanhänger inzwischen Normalität geworden. Entweder schliefen sie, oder man hörte sie lachen, wenn Nils für Johanna Quatsch machte. Beim Vorbeifahren sah man sie auch oft Händchen halten. Da ging uns als Eltern oft das Herz auf! Natürlich gab es auch Momente, in denen Nils langweilig wurde und er anfing, Johanna den Schnuller wegzunehmen oder mal am Ohr oder am Bein zu ziehen. Da halfen dann oft nur die Versprechungen auf die inzwischen zur Tradition gewordenen Gummibärchen beim Erreichen des Zielortes.

Um aber zu vermeiden, dass den Kindern das Fahrradfahren leid wurde, war bei uns eine rechtzeitige Pause oberstes Gebot. In Achim hielten wir also Ausschau nach einem geeigneten Pausenplatz - bestenfalls einem Spielplatz. Dieser tauchte nicht auf, jedoch kamen wir an einer schönen alten Mühle vorbei, deren Wiese geradewegs zu einem Picknick einlud. Die Entscheidung fiel leicht, hier unsere Mittagspause einzulegen.

Die Butterbrote schmeckten bei dem wunderbaren Wetter und der Kulisse der Windmühle besonders gut. Johanna krabbelte vergnügt auf der Picknickdecke herum, wagte sich dann auch ins Gras und begutachtete intensiv die kleinen Gänseblümchen und den Löwenzahn.

Nils war begeistert von dem Pausenplätzchen und nachdem er ein paar Runden um die Mühle gelaufen war, um die Umgebung zu erkundigen, suchte er sich ein Stöckchen und ein paar Grashalme. Hiermit fing er an Bohrmaschine zu spielen und reparierte die unterschiedlichsten Sachen. Der alte Mühlstein wurde zum Backofen und ein Loch in einer Hecke zum Kühlschrank. Bald hatte er die leckersten Brötchen gebacken.

"Das ist doch das genialste der Welt, oder?" freuten wir uns. "Es braucht keinen Spielplatz, keine Animation oder sonst etwas Besonderes. Nils kann hier seine Kreativität voll ausleben und hat jede Menge Spaß dabei."

Die Pause dauerte lange und erst als Johanna müde wurde, setzten wir unsere Fahrt fort. Vorbei an den beeindruckendsten Villen und Anwesen, die hier an den Weser-Wiesen standen, führte uns der Radweg entlang am Schleusenkanal Richtung Verden. Mittags erreichten wir dort die Jugendherberge und schlugen unser Quartier auf. Da die Jugendherberge recht weit außerhalb der Stadt lag, verwarfen wir den Plan des Stadtspaziergangs für heute. Es gab etwas Besseres: direkt neben der Jugendherberge stand ein Freizeitbad. Hier verbrachten wir den Nachmittag und die Kinder konnten sich nach der Tour im Anhänger so richtig austoben. Auch war es eine willkommene Abwechslung zu den sonstigen Nachmittagsaktionen.

Beim Abendessen gesellte sich ein Pärchen zu uns an den Tisch, die noch verschwitzt und in Radklamotten gerade in der Jugendherberge angekommen waren. Auch sie fuhren den Weserradweg, jedoch in die andere Richtung. Wir kamen ins Gespräch. "Ihr macht uns Mut" meinte Christian. "Im August erwarten wir auch unser erstes Kind. Seit Jahren machen wir unsere Urlaube am liebsten auf dem Rad. Das muss mit Kind also nicht vorbei sein!" Die beiden waren seit Kassel auf einem Tandem unterwegs. "Und das im 7. Monat! Respekt!" staunten wir. Sie erzählten, dass auch bei ihnen Freunde und Familie die Hände über den Kopf zusammengeschlagen hatten, als sie von ihrem Fahrradurlaub so kurz vor der Geburt ihres Kindes erzählt hatten. "Da kommen so Sprüche wie: Muss das denn sein? Wie könnt ihr so etwas denn machen?" erzählte uns Antje. "Das kommt uns irgendwie bekannt vor!" lachten wir und es wurde ein angeregtes Gespräch an diesem Abend.

Die müden Kinder schafften es gerade noch, das Abendessen durchzuhalten und fielen dann kaputt in ihre Betten.

Niedersachsen: das Land der Mühlen

Die Niedersächsische Mühlenstraße wurde für alle, die sich auf die Spuren der niedersächsischen Mühlengeschichte begeben und dabei Land und Leute kennen lernen wollen, ins Leben gerufen. Sie erschließt heute bereits große Teile des Landesgebietes sowie die Stadt Bremen. Einst errichtet, um Getreide zu mahlen, sind die vielen Wind- und Wassermühlen der Mittelweser-Region heute als Baudenkmäler eine Attraktion. Liebevoll restauriert und nicht selten wieder funktionsfähig gemacht, wird man in eine vergangene Zeit zurückversetzt. Ob Wasser-, Turbinenmühle, Holländer- oder Turmwindmühle - alle Typen gilt es hier zu bestaunen. Aufgrund ihrer landschaftlich reizvollen Lage und des freien Blicks über die Wesermarsch ist die Achimer Mühle das Wahrzeichen des Ortes. Im Jahre 1761 wurde diese Holländermühle erbaut, schon vorher war hier der Standort einer Bockwindmühle. Bis 1964 war die Mühle in Betrieb, heute kümmert sich der "Verein zur Erhaltung der Achimer Windmühle" um sie.

Pausenplatz am Fuße einer Mühle

Die Sache mit der Rutsche

13. Mai: Verden - Nienburg
Etappe: 53km
Fahrtzeit: 3h 23min

Berit: Heute war der erste Tag, an dem Nils bei der Abfahrt nicht in den Fahrradanhänger einsteigen wollte. Natürlich genau dann, wenn die gesamte Belegschaft der Jugendherberge und unsere neue Bekanntschaft, das Pärchen aus Aurich um uns herumstanden. Was für ein Vorführreffekt! Dazu muss man sagen, dass auch ein paar Umstände zusammen kamen, die vielleicht etwas ungünstig waren: Zum einen war es schon später am Vormittag und Nils war ganz schön müde. Zum anderen hatte er gerade zuvor entdeckt, dass der Spielplatz vor der Jugendherberge seine Tore geöffnet hatte. Nach dem Frühstück hatten wir dort schon gestanden und Nils hatte sehnsüchtig auf die große Rutsche geschaut, doch der Spielplatz öffnete erst eine Stunde später. Als wir zur Abfahrt bereit bei unseren Fahrrädern standen, kam er ganz aufgeregt angelaufen: "Der Spielplatz hat die Tür aufgemacht!!" Da war an eine Abfahrt gar nicht zu denken und es wurde erst einmal ein paar Runden gerutscht. Danach fand er das Einsteigen in den Anhänger trotzdem nicht lustig. "Lass ihn!" meinte Volker. "Unter Druck die Kinder in den Hänger zu setzen ist keine gute Idee!". Es folgte eine Kuschelrunde in Mamas Arm und als Johanna wild mit den Armen wedelte und "mein linker, linker Platz ist frei" machte... fing er an zu lachen und stieg schließlich bereitwillig ein. Kurz nach der Abfahrt war er dann schon eingeschlafen.

Der Radweg führte uns wieder entlang der Felder, durch kleine Wäldchen und durch beschauliche Örtchen. Von der Weser sahen wir wieder nur wenig. "Irgendwie bin ich enttäuscht vom Weserradweg!" meinte Volker. "Hoffentlich ändert sich das noch, eigentlich hatte ich schon gedacht, dass wir mehr am Flussufer entlang radeln." Heute machte uns der Wind wieder ziemlich zu schaffen und forderte uns viel Kraft ab. Als wir nach gut zwanzig Kilometern in dem Örtchen Hoya ankamen, entschieden wir uns für eine Pause im Park, wo wir eine kleine Rutsche erspähten.

Mittagspause auf dem Spielplatz

Eine Entschädigung für Nils morgendliche Enttäuschung. So lang verweilen wie am Vortag konnten wir aufgrund des kühleren Wetters leider nicht. Trotzdem war es wieder eine entspannte und wohltuende Pause für uns alle.

Der weitere Radweg ließ uns das ein oder andere Mal die Weser berühren oder überqueren. Immerhin! Wir waren jetzt vor allem darauf aus, die Wegstrecke zu schaffen, um den Kindern so viel Fahrt im Anhänger wie möglich zu ersparen. "Das ist eins der Tribute, die so eine Reise mit Kindern fordert" ging mir durch den Kopf. "Ohne Kinder hätten wir hier sicher öfter angehalten und die eine oder andere Kirche angeschaut oder den Blick auf die Weser genossen". Aber das war irgendwie nicht wichtig in dem Moment. Es war eine Reise mit der Familie, eine Fahrradtour mit kleinen Kindern. Das war es was für uns zählte.

In Nienburg angekommen bezogen wir eine riesige Ferienwohnung und freuten uns über jede Menge Platz. Die Besitzerin hatte liebevoll das Kinderbett bezogen, eine Wickelgelegenheit eingerichtet und Spielzeug für die Kleinen zurechtgelegt. Was wollten wir mehr? Es wurde ein entspannter Abend bei selbst gekochter Pasta, wo alle richtig zulangten. Während Johanna schon schlief, bescherte uns Nils den ganzen Abend seine Anwesenheit. Aber auch das genossen wir. Unser großer Junge! Bei Chips und

Apfelschorle und Bier war es auch mit einem Zweijährigen wunderbar gemütlich!

500 Kilometer

14. Mai: Nienburg - Petershagen
Tagesetappe 50,1km
Fahrtzeit: 2h 51min

Volker: Gemütlich ließen wir es heute angehen und frühstückten entspannt in der Ferienwohnung. Mit 15 Grad und Wolken war zwar etwas frisches Wetter angekündigt, zumindest aber sollte es nicht regnen. Gegen 10 Uhr fuhren wir in Nienburg los. "Hoffentlich sehen wir heute mal die Weser" sagte ich hoffnungsvoll. Leider sollte die Enttäuschung anhalten. Zwar führte uns der Weg ab und zu mal an das Flussufer - im Großen und Ganzen führte die Tour jedoch wieder durch das Hinterland. Nach 15 Kilometern stieg ich auf einmal in die Bremsen. "Ist was passiert?" fragte Berit. "Ja!" grinste ich. "Wir haben Kilometer 500 erreicht!" Ein erster Höhepunkt auf unserer Reise. Mitten auf dem Weg, direkt am Deich erfüllte uns Stolz und wir wollten diesen Moment festhalten. Da wir keine Kreide zur Verfügung hatten, musste Rasierschaum herhalten. Ich malte mit dem Schaum eine große 500 auf den Asphalt und wir machten ein Foto. Ein toller Moment, der die eher unschöne Wegführung vergessen ließ.

Eine erster Streckenerfolg

Heute war Christi Himmelfahrt und in Deutschland bekanntermaßen ein Feiertag. Uns kamen viele Radler entgegen, die den Weser Radweg fuhren. Wahrscheinlich nutzen sie das lange Wochenende für ein paar Etappen. Das Lustige war, dass alle bis auf uns und eine Gruppe aus München auf dem Weg nach Norden waren, nicht wie wir Richtung Süden. Ich fand es großartig, dass alle Altersgruppen sich mit dem Fahrrad und leichtem Gepäck auf den Weg machten. Jung und Alt genossen diese Art Urlaub. Da es heute zu kalt war, in der freien Natur eine Pause zu machen, hielten wir nach 23 Kilometern in Stolzenau in einem kleinen italienischen Eiscafé an. Hier gab es sogar ein eigenes Kinderspielzimmer und unsere Kinder konnten sich richtig austoben. Insgesamt waren wir auf unserer Tour sehr überrascht, wie viele Cafés, Bistros und Restaurants sich auf Familien mit Kindern eingestellt haben. Eine positive Entwicklung in Deutschland. Vor dem Café auf der Hauptstraße feierten ein paar Jugendliche den Vatertag, wobei wohl keiner von den Jungs Papa war. Nun ja - die Musik dröhnte von dem Bollerwagen der Jungs durch den ganzen Ort. Schreckliche Technomusik dröhnte uns in die Ohren, was die Mittagspause etwas störte. Kurz vor dem Weiterfahren kam ich mit einem der schon leicht angetrunkenen Jungs ins Gespräch. Er wollte mir ein Bier andrehen (was sehr nett war). Ich schlug das Angebot jedoch lachend aus: "Wenn ich die Kinder im Hänger habe, trinke ich keinen Alkohol." sagte ich ihm. „wir haben ja noch was vor: Wir fahren bis Bayern mit dem Fahrrad." Der Kerl wollte mir das nicht glauben. Erst als ich ihm unsere Internetseite auf meinem Smartphone zeigte, war er völlig baff. "Das würde ich niemals schaffen" meinte er und lief zu den anderen Jungs, um die aus seiner Sicht unglaubliche Nachricht zu überbringen. Unter großem Jubel der jungen Kerle starteten wir dann die zweite Tageshälfte.

Die Wegstrecke bis Petershagen war wieder viel schöner, wobei wir die Weser erst in Petershagen zu sehen bekamen. Am heutigen Tag waren wir bestimmt 20 bis 25 Kilometern nur an schön, gelb blühenden Rapsfelder entlanggefahren.

Der Duft vom Raps ging mir gar nicht aus der Nase. „Wir werden uns immer an diese Reise erinnern, wenn wir Raps riechen" meinte Berit. Wirklich erstaunlich, dass so viel landwirtschaftliche Nutzfläche zum Rapsanbau belegt wird.

Deutschland ist gelb!

Der optische Eindruck trügt nicht: Der Rapsanbau hat in Deutschland in den vergangenen Jahrzehnten stark zugenommen. Über fünf Millionen Tonnen Raps werden jährlich geerntet. Raps hat mehrere Eigenschaften, die sie für Landwirte attraktiv macht, und ist vielseitig einsetzbar: Rapsöl ist das beliebteste Speiseöl der Deutschen. Zwei Drittel des deutschen Rapsöls werden zu Biodiesel weiterverarbeitet. Allerdings bezweifeln viele Forscher den ökologischen Nutzen von Biodiesel. Manche halten Biodiesel sogar für einen größeren Klimakiller als Treibstoff aus Mineralöl. Ursache ist die mögliche Verdrängung des Nahrungsmittelanbaus in Europa und auch in der dritten Welt. So könnte der zunehmende Anbau von Energiepflanzen in Europa dazu führen, dass die EU mehr Lebensmittel importiert – für deren Anbau in Exportländern wiederum Wälder gerodet werden müssten. Rechnet man diesen Effekt mit ein, fällt die Ökobilanz von Biotreibstoff deutlich schlechter aus.

"Das ist eine der besten Jugendherbergen, in denen wir bisher waren!" waren wir uns einig, als wir unser Zimmer in der Petershagener Jugendherberge betraten. Alles wirkte frisch renoviert, ein schönes großes Zimmer mit eigenem Bad, der Blick auf die Weser aus dem Fenster. Die ganze Anlage war sehr gepflegt. Vor dem Haus gab es einen großen Bolzplatz mit Grillhütte und einer langen Seilbahn. Nils Nachmittag war gerettet. Nachdem er ein paar Mal mit Papa Seilbahn gefahren war, spielte er "Grillen" in der Hütte. Wir bekamen Massen an imaginären Würstchen und Steaks zu essen, wahlweise mit "Kepatsch" oder Senf.

Einen kleinen Spaziergang an der Weser schafften wir aber doch noch. Das Wetter wurde immer besser, die Sonne vertrieb die Wolken und wärmte die Luft schnell auf. Ein paar Meter neben der Jugendherberge trafen wir auf eine alte Mühle, vor der sich ebenfalls ein Spielplatz fand.

Ein altes Ruderboot, in das wir alle reinklettern konnten und eine schöne Rutsche ließen Nils Herz höherschlagen. Johanna war furchtbar müde, aber bei den vielen Eindrücken konnte sie auch das Herumtragen im Tragetuch nicht zum Schlafen bringen.

Diese alte Mühle - die Büsching'sche Mühle - stammte aus dem 18. Jahrhundert, belehrte uns ein Hinweisschild. Bis 1963 war sie in Betrieb und im Inneren waren noch zwei intakte Mahlgänge, einen Sichter, Sackaufzug, Mehlmischer und Kornreiniger zu bewundern. Als achteckige Holländer-Windmühle gebaut, wurde sie mit der Zeit mit einer Dampfmaschine, später mit Diesel- und Elektromotor ausgestattet.

Bald war es Zeit zum Abendessen und wir kehrten beseelt von dem schönen Tag in die Jugendherberge zurück. Am Eingang unterhielten wir uns mit einer Frau, die aus entgegengesetzter Richtung geradelt war. „Bis Rinteln ist der Weserradweg wunderschön und landschaftlich toll" erzählte sie uns. „Das macht ja Hoffnung!" lachten wir. Beim Blick auf den Wetterbericht schmiedete ich direkt neue Pläne für den nächsten Tag: Bis Bad Oeynhausen wollten wir es schaffen, um von dort den Zug nach Bielefeld zu nehmen. Dort würden wir uns übers Wochenende bei Berits Eltern ausruhen. „Vielleicht fahren wir einen Abstecher zum Kaiser-Wilhelm Denkmal in Porta Westfalica?" überlegte ich. „Ist das nicht ganz oben im Wald gelegen?" zweifelte Berit. „Ja schon... da sind 250 Höhenmeter zu überwinden. Mal sehen, was der Tag morgen bringt und was unsere Muskeln und vor allem die Kinder dazu sagen." waren wir uns einig. Auf jeden Fall freuten wir uns schon auf den kommenden Tag.

Das Bergsteigerherz auf dem Sattel

15 Mai: Petershagen - Bay Oeynhausen
Tagesetappe: 42,8 km
Fahrtzeit: 2h 53min

Volker: Endlich wurde der Weserradweg seinem Namen gerecht: die Strecke von Petershagen nach Bad Oeynhausen führte wunderschön direkt entlang der Weser. Der Fluss schlief ruhig in seinem Flussbett, die Vögel zwitscherten uns Sommerlieder und ein strahlend blauer Himmel begleitete uns fast den ganzen Tag. Von unseren Begegnungen mit Menschen, die aus der anderen Richtung den Radweg fuhren, wussten wir inzwischen, dass der Weserradweg von Hann. Münden bis Petershagen das schönste Stück der gesamten 500 Kilometer darstellte.

Wir erreichten Porta Westfalica, was wörtlich so viel bedeutet wie "Tor Westfalens". Tatsächlich hatten wir das Gefühl auf ein "Tor" zuzufahren. Links der Weser sahen wir das Wesergebirge, rechts das Wiehengebirge. Mitten durch die beiden Gebirgsketten floss sanft die Weser. Auf der rechten Seite prangte eindrucksvoll das Kaiser Wilhelm Denkmal hoch oben auf dem Wittekindsberg. Beim Anblick der Gebirgszüge kribbelte es uns beiden gehörig in den Beinen: Das Bergsteigerherz schlug halt immer noch! Sollten wir den Aufstieg oder besser die Auffahrt zu dem Denkmal nicht einfach wagen? Heute stand nur eine kurze Etappe auf dem Programm und das Wetter zeigte sich von seiner schönsten Seite. Fast drei Kilometer würde es gute 200 Höhenmeter hinauf zum Osthang des Wittekindsberges gehen. „Ob wir das mit dem gesamten Gepäck schaffen?" fragten wir uns und strampelten motiviert los.

Wir wollten es einfach versuchen und kurbelten die gesamten drei Kilometer hinauf. Unterwegs fiel mir der Spruch von Udo Bölz ein, der Jan Ullrich 1997 auf einer Etappe der Tour de France in den Vogesen zurief: „Quäl dich, du Sau!". Zugegeben war der erste Kilometer der anstrengendste Teil, da es steil bergauf ging. Die weitere Strecke war etwas flacher und hatte nur kurze steilere Teilstücke in sich. Mein Rad mit mir, Gepäck und Kinderanhänger brachten locker 160 Kilogramm auf die Waage, die hinauf gewuchtet werden sollten. Berits Rad inklusive ihres Eigengewichtes geschätzte 90 Kilogramm. Aber wir schafften es: Körperlich kaputt, aber glücklich erreichten wir nach 18 Minuten das Kaiser Wilhelm Denkmal. Hier fängt Westfalen an! Hoch oben vom Wiehengebirge weist die Hand des Kaisers auf "sein" Reich. Wir erreichten das dritte Bundesland auf unserer Tour – hallo NRW!

Am Kaiser-Wilhelm-Denkmal

Nach den obligatorischen Touristenfotos ging es langsam wieder den Berg hinab. Wir fuhren extra langsam, da die Kinderanhänger von hinten mächtig schoben. Im Tal angekommen machten wir eine lange Mittagspause mit einem großen Eis. Nun lag noch ein flaches zehn Kilometer langes Teilstück bis Bad Oeynhausen vor uns.

In Bad Oeynhausen stiegen wir in die Bahn, um die letzten 40 Kilometer nach Bielefeld zu fahren. Hier wollten wir uns bei Berits Eltern zwei bis drei Ruhetage in einer für die Kinder bekannten Umgebung gönnen. Aber natürlich wollten wir mit der Bahnfahrt nicht an den Kilometern unserer Deutschlandtour mogeln. Unser Ziel, jeden einzelnen Kilometer zum südlichsten Punkt zu radeln, sollte bestehen bleiben. Am Montag würden wir also mit der Bahn wieder nach Bad Oeynhausen fahren, um dort wieder in die Tour einzusteigen!

Gedanklich war ich heute viel bei meinem besten Freund Jörg aus Hof. Er heiratete an diesem Tag seine Traumfrau. „Wir freuen uns sehr für euch und hoffen, dass ihr einen unvergesslichen Tag habt."

Kaiser Wilhelm Denkmal

Wir schreiben das Jahr 1888. Am 9. März stirbt Wilhelm I. im Alter von fast 91 Jahren. Im Frühjahr desselben Jahres besteigt sein Sohn Friedrich III. den Thron, bereits vom Tode gezeichnet. Mit 29 Jahren wird Wilhelm II. am 15. Juni Deutscher Kaiser. – Die Geschichtsschreibung spricht vom „Dreikaiserjahr". Das Kaiser-Wilhelm-Denkmal auf dem Wittekindsberg in 268 Meter Höhe gehört zu den bedeutendsten Nationaldenkmälern Deutschlands. Es erinnert an Wilhelm I., König von Preußen und seit 1871 Deutscher Kaiser.

Das zum Wahrzeichen der Stadt Porta Westfalica gewordene Denkmal liegt in landschaftlich herausragender Lage am Weserdurchgang zwischen Weser- und Wiehengebirge. Es bietet einen beeindruckenden Panorama-Blick Richtung Nord und Süd. Das 88 Meter hohe Denkmal wurde zwischen 1892 und 1896 zu Ehren Kaiser Wilhelms I (1797 - 1888) nach Plänen des Architekten Bruno Schmitz aus Porta-Sandstein auf dem Wittekindsberg in 268 Meter Höhe erbaut. Es lebt von seiner Monumentalität, die zu vaterländischer Gesinnung und nationalstaatlichem Denken beitragen sowie Identität schaffen sollte: „Arbeiter, Vereine, Schulen sollen Gelegenheit haben, am Fuße des Kaiserstandbildes einen Tag patriotischer Erhebung zu feiern". Das tempelartige Bauwerk des Denkmals ist 3-geteilt in Ringterrasse, Baldachin und Standbild. Das Standbild zeigt den Kaiser barhäuptig, die linke Hand auf den Palasch gestützt, die rechte Hand erhoben, mit der er das vor ihm liegende Westfalenland segnet.

Die Sage vom Fährmann und den Zwergen

18. Mai: Bad Oeynhausen - Großenwieden
Etappe: 44,8 km
Fahrtzeit: 2:43h

Einst bat der Zwergenkönig den Fährmann, sein Volk in einer Nacht überzusetzen. Der Fährmann willigte ein und fuhr die ganze Nacht. Nach der letzten Fahrt, als der Zwergenkönig schon gehen wollte, fragte der Fährmann nach seinem Lohn. "Geh nur zurück zu deiner Fähre." antwortete der Zwergenkönig. "Dort wirst du deinen Lohn schon finden." Aber alles, was die Zwerge zurückgelassen hatten, war eine Fuhre Pferdemist. Wutentbrannt schaufelte der Fährmann den Mist in die Weser. Ein kleines Stückchen davon gelangte dabei in seinen Stiefel. Zuhause beim Ausziehen fiel es heraus - der Mist hatte sich in Gold verwandelt. Der Fährmann lief zurück, um den übrigen Mist noch zu retten, aber die Weser hatte schon alles weggespült.

Berit: Hier waren wir also gelandet. Den Fährmann mit seiner Fähre gab es immer noch... auch wenn es sich jetzt um eine kleine Gierseilfähre handelte. Beim "Gieren" wird die kinetische Energie des strömenden Wassers ausgenutzt, um die Bewegungen eines schwimmenden Gegenstandes senkrecht zur Strömungsrichtung zu erreichen. Die Fähre pendelt an einem langen Halteseil, welches außerhalb der Fahrrinne fest verankert ist. Je nach Bedarf bringt sie heute Autos und Menschen auf die andere Seite der Weser. Schon im 16. Jahrhundert brachte sie die Landwirte zu ihren Feldern auf der anderen Weserseite.

Großenwieden ist ein typisches Weserdorf und eine der ältesten Siedlungen im Weserraum. Im Mittelalter war der Ort Zollstation der Schaumburger Grafen, Handelsplatz für Getreide und hatte eine eigene Schifffahrt. Seit 1977 ist es Stadtteil von Hessisch Oldendorf.

Nachdem wir morgens Bielefeld nach zwei erholsamen Ruhetagen verlassen hatten, waren wir mit dem Zug an unseren Ausgangspunkt an der Weser zurückgekehrt. Dank der Hilfe einiger Mitreisenden waren Fahrräder, Gebäck, Anhänger und vor allem die Kinder bei Abfahrt des Zuges im gleichen Abteil und somit auf demselben Weg. Das Reisen mit dem Zug war mit dem vielen Gepäck schon etwas anstrengend und etwas hektisch, jedoch waren wir inzwischen ein eingespieltes Team und es funktionierte gut. Von Bad Oeynhausen folgten wir dem Weserradweg Richtung Rinteln. Glück mit dem Wetter hatten wir allemal! Statt des angekündigten Regens kam zwischen den Wolken immer wieder die Sonne durch und machte Lust auf die Radtour. Auch die Kinder waren entspannt nach dem Wochenende und machten es sich direkt für ein Schläfchen im Anhänger bequem. „Was tut das gut, wieder im Sattel zu sitzen" meinte ich. Das Wochenende in Bielefeld war gut und erholsam. Besonders für die Kinder war es wichtig. Ihnen hatte es gutgetan, sich wieder in vertrauter Umgebung zu bewegen. Für Volker und mich war es aber auch merkwürdig, in vertrauter Umgebung zu sein. Wir waren "raus" aus der Tour. Alles schien so unwirklich, dass wir den gesamten Weg von Sylt nach Bielefeld tatsächlich geradelt sein sollten. Umso schöner, wieder on tour zu sein!

Landschaftlich wurde der Weserradweg nun auch ansprechender. Ein abwechslungsreicher Radweg, die meiste Zeit entlang des Flusses, aber auch durch Wälder, über staubige Straßen, wo vor lauter Schlaglöchern von Straße eigentlich keine Rede sein durfte. Zur Mittagszeit erreichten wir das mittelalterliche Städtchen Rinteln, wo wir die Gelegenheit nutzen, in der historischen Altstadt Pause einzulegen und Mittag zu essen. Da wir schon wussten, dass es in unserer Herberge am Abend nichts Warmes geben würde, sondern nur unsere geschmierten Butterbrote, kehrten wir in einem Bistro für eine warme Mahlzeit ein. Das Essen war eine Enttäuschung aber der schöne Blick auf die Altstadt lohnte sich auf jeden Fall. Satt waren wir immerhin bei unserem anschließenden Spaziergang durch den Ort.

Einen Spielplatz fanden wir diesmal nicht, dafür weckte ein kleines Feuerwehrauto das Interesse unserer Kinder und verschlang ein paar unserer Euros. Nachdem die Kinder sich ausgetobt hatten, machten wir uns auf den kurzen Weg zu unserem heutigen Nachtquartier in besagtem Großenwieden. Schon weit vor dem Ort wurden wir auf die gelben Fahrräder am Wegesrand aufmerksam, die Werbung für den Hof Klostermann machten. "Die kenne ich doch aus dem Buch von Tilmann Waldthaler!" rief Volker. "ob er auch hier übernachtet hat?" Das wollten wir die Gastgeber auf diesem Hof auf jeden Fall fragen!

Mit der Unterkunft im Hof Klostermann hatten wir mal wieder richtig gelegen. Ein wunderschöner alter Hof - betrieben in 11. Generation! - und im Rahmen eines EU-Projektes wieder vollständig restauriert und als Frühstückspension hergerichtet. Die nette Frau Klostermann führte uns durch das Haus und zeigte uns den Aufenthaltsraum, der auch eine Spielecke für die Kinder zu bieten hatte. Nils und Johanna waren begeistert. Bauklötzchen wurden aufeinandergetürmt beziehungsweise mit Mund und Händen von Johanna begutachtet. Nils freute sich über den Schraubenbausatz aus Holz. Er war gar nicht mehr davon wegzukriegen. "Komm Nils, wir wollen nochmal raus!" schlugen wir vor. "Lass uns mal am Fluss das

Schiff anschauen. Papa hat auch schon einen Spielplatz entdeckt!" "Nein, ich will hierbleiben." erklärte er uns. "Alleine?" fragten wir. "Ja, ich will allein hierbleiben. Aber nicht die Tür zu machen. Wenn ich schnell mal da durch will..." Ahhh ja! Die Logik eines Zweijährigen. Am Ende wollte er dann doch mit und hatte riesig viel Spaß auf dem Spielplatz. Ohne müde zu werden kletterte er die Rutsche immer wieder hoch und rutschte auf die unterschiedlichsten Arten nach unten. Mit seiner imaginären Bohrmaschine reparierte er sämtliche Spielgeräte. Als ich unseren Sohn so beim Spielen betrachtete, musste ich an die Bemerkungen einiger Leute denken, die unsere Reise mit großem Argwöhn beobachteten. "Die armen Kinder! Während andere Kinder auf dem Spielplatz spielen, müssen sie die ganze Zeit im Fahrradanhänger sitzen!". „Auch zuhause sind wir immer viel auf dem Spielplatz... aber ich glaube, unsere Kinder waren noch nie so viel und so lange auf den verschiedensten Spielplätzen, wie auf dieser Reise" meinte ich nachdenklich zu Volker. "Und dass wir Eimer, Förmchen und Schippe in der Pension vergessen haben, stört ihn nicht im Geringsten." grinste Volker. "Er hat ja alles, was er braucht! In seiner Fantasie!".

Johanna nutzte die Zeit zum Ausruhen nach dem wilden Spielen und Krabbeln in unserer Unterkunft. In Papas Arm gekuschelt hörte sie zu, als er mit einem Rentner-Paar ins Gespräch kam, die gerade mit ihrem Wohnmobil Quartier aufschlugen. „Ende Mai fahren wir für 5 Wochen nach Norwegen." erzählten sie. "Das Wohnmobil haben wir gebraucht gekauft und jetzt sind wir jedes Jahr viel unterwegs!" "Die verbringen ihre Rente genau richtig!" waren wir uns einig. "Immer dabei ist unser Tandem." erklärten sie weiter. "So können wir kleinere Radtouren zusammen machen, wenn wir unterwegs sind. Früher haben wir auch viele Radfernwege gemacht. Die schönste Route war von Berlin nach Görlitz!" Erinnern sich die beiden lachend: "Da haben wir einmal in einer umgebauten Garage übernachtet. Das war sehr eigenartig, aber auch ein unvergessliches Erlebnis!"

Volker war sofort Feuer und Flamme für das Wohnmobil. Sein Traum ist es schon seit Jahren, auch eine Wohnmobilreise zu unternehmen. Stolz berichtete der Rentner von ihrem Alltag auf den Wohnmobiltouren. "Meine Frau macht den Abwasch und die Betten und ich die Technik" sagte er. "Das Reizvolle ist die Freiheit, überall stehen bleiben zu können, wo es uns gefällt." Natürlich bekam Volker auch eine kleine Führung durch das Wohnmobil. Die beiden schliefen im Alkoven und hatten einen sehr großzügigen Wohnbereich, eine kleine Küche und das Bad am Ende des Wohnmobils. "Achtet bei der Auswahl des Wohnmobils auf eine separate Dusche - sonst habt ihr immer das ganze Bad nass!" riet er Volker. Stolz zeigte er noch den Keller des Mobils: unter dem Fußboden war noch ein großzügiger Hohlraum mit viel Staufläche. "Bei unseren Wintertouren kommt da immer Skiausrüstung rein, wir haben genug Platz. Da der Wassertank auch im Hohlraum untergebracht ist, friert dieser im Winter nicht ein. Wir haben schon bei -18 Grad im Wohnmobil geschlafen!" "Aber dann verbraucht man aber schon viel Gas zum Heizen" warf seine Frau ein.

Die beiden verabschiedeten sich bald, da sie noch etwas zum Abendbrot einkaufen wollten. Sie schnallten das Tandem ab und fuhren geneinsam nach Hessisch Oldendorf.

Nach dem Abendessen und täglichen "Ins-Bett-Bring-Routinen" lagen unsere Kinder am Ende beide in unserem Bett. Hand in Hand aneinander gekuschelt. "Wozu zahlen wir eigentlich die 15€ für das Babybett?" sagte Volker stirnrunzelnd. Lächelnd auf unsere selig schlafenden Kinder schauend, zuckten wir nur mit den Achseln.

Das goldene Gummibärchen

19.Mai: Grossenwieden – Bodenwerder
Etappe: 44,7km
Fahrtzeit: 2h 47min

Idyllisch schlängelte sich die Weser durch eine sanfte Hügellandschaft und wir genossen die immer reizvoller werdende Umgebung des Radwegs des Weserberglands. "Bis Mittag können wir in Hameln sein" überlegte Volker. "Dort können wir doch gut Pause machen und uns das Rattenfänger-Städtchen anschauen." Der Weserradweg führte nahezu parallel zur deutschen Märchenstraße. Diese Ferienstraße wurde 1975 gegründet und führt von Hanau bis nach Bremerhaven. Hanau ist die Geburtsstadt der Gebrüder Grimm. Die Straße führt entlang ihrer Wirkungsstätten, in denen sich ihre Märchen wiederfinden.

"Die Bremer Stadtmusikanten haben wir ja schon oft in Bremen gesehen. Jetzt bin ich aber gespannt auf die anderen Märchenstädte!" freute ich mich.

Der Rattenfänger von Hameln

Wo die Weser sich durch wohlige Hügel schlängelt und sich liebreizende Märchen wie Perlen an einer Kette entlang ihres Ufers reihen, da trug sich im Jahre 1284 ein erschütterndes Ereignis zu. Eine Geschichte um Betrug und Rache, deren Ende fast unerträglich scheint.

Vor langer Zeit herrschte in der Stadt Hameln eine fürchterliche Ratten- und Mäuseplage. Alles, was den Tieren in die Quere kam, wurde angenagt und aufgefressen. Da waren Hamelns Bürger und allen voran der Bürgermeister sehr froh, als eines Tages ein Mann in die Stadt kam, der versprach, Hameln von dieser Plage zu befreien. Der Mann trug den Namen Bundting, weil er so bunte Kleidung trug, die jedermann sogleich ins Auge stach. Natürlich wollte der Mann seinen Dienst nicht umsonst verrichten, aber schnell war man sich über einen Geldbetrag einig. Den sollte Bundting erhalten, wenn alle Mäuse und Ratten aus der Stadt entfernt worden seien.

Und so geschah es auch. Kaum war der Vertrag zwischen dem Bürgermeister und dem Rattenfänger, so nannte sich der Mann, geschlossen, da nahm er aus seiner Jackentasche eine kleine Flöte und spielte darauf eine wunderschöne Melodie. Kaum aber hatte er den ersten Ton angeschlagen, da kamen schon aus allen Ecken und Winkeln die Ratten und Mäuse gelaufen und schlossen sich dem Rattenfänger an. Als er nun meinte, alle Tiere eingesammelt zu haben, da zog er mit ihnen aus dem Stadttor hinaus, ging an die Ufer der Weser, die durch Hameln fließt, und zog sich seine bunten Kleider aus. Dann stieg er hinab in den Fluss – und alle Ratten und Mäuse folgten ihm und ertranken in den Fluten.

120

Nun kehrte der Rattenfänger zurück in die Stadt, um seinen Lohn abzuholen. Doch den wollte man dem Bundting plötzlich nicht mehr zahlen und so musste er unverrichteter Dinge abziehen. Einige Wochen später aber kehrte der Rattenfänger zurück nach Hameln. Dieses Mal kam er im Gewand eines Jägers daher, so dass ihn die Menschen nicht sofort erkannten. Wieder zog er seine kleine Flöte aus der Jackentasche und spielte jene wunderschöne Melodie, mit der er schon die Nagetiere aus Hameln gelockt hatte. Aber was war das! Dem Jäger mit seiner Flöte folgten dieses Mal nicht Ratten und Mäuse, sondern Mädchen und Jungen. In Scharen liefen alle Kinder mit, die älter als vier Jahre waren. Der Rattenfänger führte sie aus der Stadt hinaus, hin zu einem Berg, der Poppenberg genannt wird, wo er mit ihnen für immer verschwand, noch ehe jemand etwas davon bemerkt hatte. Nur zwei Kinder, die sich etwas verspätet hatten, konnten dem Rattenfänger entkommen. Doch das eine Kind blieb nach dem Vorfall blind, so dass es den Weg nicht mehr zeigen konnte, und das andere wurde taubstumm, so dass es nichts mehr von den Geschehnissen berichten konnte. Nur ein Kindermädchen hatte den Auszug der Mädchen und Jungen aus der Stadt beobachtet und später allen davon berichten können. Mütter und Väter, Großeltern, Tanten und Onkel trauerten sehr um ihre verlorenen Kinder. Lange Zeit hieß in Hameln jene Straße, durch die die Kinder mit dem Rattenfänger gezogen waren, „bungelose" Straße (stille, tonlose, trommellose Straße). Und selbst, wenn eine junge Braut an ihrem Hochzeitstage durch diese Straße zog, durfte dort niemals Musik gespielt werden.

Am Rattenfängerbrunnen in Hameln

Bei der Einfahrt in die Innenstadt von Hameln fiel uns bald eine kleine blaue Brücke auf, die über die Weser zu einer Weserinsel führte. Und was leuchtete oben in der Sonne? Natürlich eine goldene Ratte - was wäre Hameln ohne Ratten? Oder doch nicht? "Guck mal, ein großes Gummibärchen!" rief Nils aufgeregt, als wir ihn aus dem Fahrradanhänger herausholten. So viel dazu, die Welt in Kinderaugen zu entdecken! Die Weserinsel bot sich uns perfekt für eine Mittagspause an. Parkähnlich angelegt bot sie sich für Spaziergänge an oder zum Verweilen im Restaurant oder Biergarten. Natürlich gab es dort auch einen schönen Spielplatz, der das Kinderherz schneller schlagen ließ. Gut gelaunt und entspannt entschieden wir uns kurzerhand dazu, in dem netten Restaurant am Spielplatz

Mittag zu essen. Frischer Spargel stand auf der Tageskarte und da die Spargelsaison bisher an uns vorübergegangen war, beschlossen wir, uns hier ein leckeres Spargelgericht zu gönnen. Johanna hatte schon beim ersten Blick das Herz der Kellnerin erobert - was sich wenig später als großes Glück herausstellte. Nachdem Getränke serviert und Johannas Brei warm gemacht worden waren, war Johanna neugierig mit der Speisekarte beschäftigt. Damit nahm das Unheil seinen Lauf: die Karte flog gegen Vase, die wiederum auf dem Tisch aufschlug und in Tausend Stücke zerbrach. Vor Schreck zog Johanna an der Tischdecke, so dass auch noch der Inhalt sämtlicher Gläser auf den Tisch ergoss. Nils erschreckte sich sehr und fing an zu weinen, Johanna schaute verdutzt herum und schnappte sich interessiert eine große Scherbe. Zum Glück war der Vaterinstinkt gut ausgeprägt und die Reaktion ebenso schnell. Volker konnte ihr die Scherbe aus der Hand nehmen, bevor Johanna sich verletzen konnte. Die nette Kellnerin kam angelaufen und beseitigte das bei uns entstandene Chaos. Es gab sogar neue Getränke aufs Haus. "Was für ein Glück, dass ich mein Bier schon fast leer getrunken habe!" Lachte Volker schelmisch, als er sich von dem ersten Schreck erholt hatten. "So habe ich ein zweites Glas kostenlos bekommen!"

Das Essen konnten wir dann doch noch in Ruhe genießen: Für uns gab es Steak, Kartoffeln und Spargel, wohingegen sich Nils sich Rostbratwürsten mit Pommes wünschte. Während Johanna munter den Rostbratwürsten verdrückte, blieb Nils bei den Pommes.

Satt, zufrieden und froh, dass bei dem Glasbruch nichts Schlimmeres passiert war, machten wir uns auf, die historische Altstadt von Hameln zu besichtigen. Hier wurden im 16. Jahrhundert prächtige Fachwerk- und Sandsteinhäuser erbaut, als die reiche Kaufmannschaft Hamelns mit dem Landadel wetteiferte. Ein bisschen suchen mussten wir dann doch, um den Rattenfängerbrunnen zu finden. Etwas abgelegen von der Altstadt fanden wir die Skulptur, die den Auszug der Kinder zeigte, auf dem Rathausplatz.

Schließlich setzten wir unsere Tour für heute fort. Mit viel Gegenwind führte uns der Weserradweg durch wunderschöne Landschaft ins nächste Märchenstädtchen nach Bodenwerder. Ein richtiger Schandfleck in dieser idyllischen Landschaft war nur das Atomkraftwerk Grohnde, das sich einige Kilometer südlich von Hameln im Wesertal auftürmte.

Die Jugendherberge in Bodenwerder war unsere heutige Übernachtungsgelegenheit und hatte einen entscheidenden Nachteil: Einchecken könnten wir nicht von 17 Uhr! Also nutzten wir das zum Glück schöne Wetter und breiteten uns mit Rädern und gesamten Gepäck auf einem Spielplatz vor der Stadtmauer aus. Dieser Spielplatz bot unseren Kindern etwas ganz Besonderes: so könnten an verschiedenen Stationen die Geschichten des. Lügenbarons nacherlebt werden. Eine Kanonenkugel bot sich für einen Ritt an, eine Riesenschaukel als fliegender Teppich und ein Kirchturm, auf dessen Spitze man klettern kann, um ein Pferd zu erreichen. Johanna erfreute sich mehr an den Pusteblumen auf der Wiese.

Der Baron von Münchhausen

Vielen Menschen ist der "Baron von Münchhausen" als literarische Figur und als Filmheld geläufig, weniger bekannt ist jedoch die historische Person, Hieronymus Carl Friedrich Freiherr von Münchhausen. Münchhausen wurde am 11. Mai 1720 in Bodenwerder geboren. Nach Ausbildung und Karriere als Offizier im Dienste der russischen Zaren, kehrte er 1750 nach Bodenwerder zurück und lenkte die Geschicke seines Gutes bis zu seinem Tode am 22. Februar 1797. Bereits zu Lebzeiten rühmte man ihn über die Landesgrenzen hinaus als brillanten, humorvollen Erzähler.

Seine Zuhörer nannten Münchhausen den Lügenbaron. Die Geschichten waren so fantasiereich, dass allen klar war, dass sie erstunken und erlogen waren, obwohl er immer wieder betonte: "Es ist wahrhaftig war, was ich euch erzähle". Keiner glaubte es. Trotzdem hörte man gerne zu, wie der Baron auf einer Kanonenkugel zum Feind flog oder auf seinem halbierten Pferd auf zwei Beinen weiter ritt. Laut einer anderen Geschichte band er sein Pferd im Winter bei Eis und Schnee an einen Pfahl fest. Als der Schnee geschmolzen war, wollte er das Pferd abholen und sah, dass es an einem Kirchturm hing. Münchhausens Erklärung: Im Winter wurde die ganze Stadt zugeschneit und versank im Schnee. Der Pfahl, an dem er sein Pferd anband, war die Spitze des Kirchturms, der als letztes noch aus dem Schnee herauslugte.

Jugendherbergen in Deutschland

Wie viele Jugendherbergen haben wir auf unserer Reise gesehen? Wie oft die Betten bezogen, die Fahrräder in Fahrradräume verstaut, die Räumlichkeiten auf Kindertauglichkeit gecheckt? Wie oft haben wir Abend gegessen und gefrühstückt? Da haben wir doch einen guten Überblick bekommen. Oft sind wir mit den Leuten vor Ort ins Gespräch gekommen.

Im Gedächtnis geblieben ist die Szene am Frühstückstisch in Bodenwerder. Die Jugendherberge war fast leer - bis auf eine Familie aus Bielefeld waren wir diese Nacht die einzigen Gäste. Der Angestellte der Jugendherberge hatte Zeit, sich mit uns an den Frühstückstisch zu setzen und ein Schwätzchen zu halten. "Bald gibt es einen neuen Herbergsvater?" fing Volker das Gespräch an. "Ach, hat sich das schon herumgesprochen?" lachte der Mann. "Ja, wir haben es hier nicht leicht. Das ist ein Standort, der bei den Herbergsvätern nicht sehr beliebt ist." Der letzte Herbergsvater habe im April aufgehört, nachdem er etwa 3 Jahre hier gearbeitet habe. "Das war allerdings von Anfang an zum Scheitern verurteilt." Als zwei Jugendherbergen in Holzminden zusammengelegt wurden, war der seit 15 Jahren im Herbergsverband tätige Mann nach Bodenwerder zwangsversetzt worden. "Mit ca. 8000 Übernachtungen im Jahr

127

liegen wir knapp am Limit der Zahlen, die wir als Jugendherberge erreichen müssen. Bei 7000 müssten wir wahrscheinlich schließen." erzählte uns der Mann. "In den letzten Jahren wurde massiv am Personal eingespart." klagte er uns sein Leid. "Fast alle Angestellten arbeiten auf 450€ Basis. Das heißt aber auch, dass sie nur für eine gewisse Stundenanzahl verfügbar sind." Er hatte einen Gleitvertrag, mit dem er eine gewisse Stundenzahl im Jahr nicht überschreiten soll. "Da ich die ganzen Stunden auffülle, die nicht von den anderen Mitarbeitern geleistet werden können, habe ich mein Limit bald erfüllt. Ich kann dann nächsten Monat für dieses Jahr schon aufhören zu arbeiten..." Der Mann wurde nachdenklich und man merkte ihm auch die Wut an, die in seinem Inneren schwelte. "Wir haben für das ganze Haus nur eine einzige Putzkraft! Wohlgemerkt auf 450€ Basis und damit nicht jeden Tag verfügbar. Den Rest müssen wir übernehmen." Nachdem der Herbergsvater seinen Posten abgegeben hatte, hatte er die Stellvertretung übernommen. "Allerdings wurde das auch nur so zwischen Tür und Angel verabredet. schriftlich festgehalten haben wir so richtig nichts! Auch von der zusätzlichen Vergütung, die mir als stellvertretender Herbergsvater zusteht, habe ich bisher nichts gesehen!" Da gäbe es immer Ausreden oder angebliche Bestimmungen, die die Bezahlung vom

128

Herbergsverband verhindern. "Wenn das wo weiter geht, habe ich mir schon überlegt, dass ich das Rezeptionstelefon einfach auf das Handy des Geschäftsführers vom Verband umleite." Der Mann wurde bissig. "Sonst ändert sich hier wohl nix!"

Das sind die dunklen Seiten der Jugendherbergen. So arbeitet ein gemeinnütziger Verein? Wir waren irritiert. Es sollte doch wohl möglich sein, mit seinen Angestellten vernünftig umzugehen? Immerhin durfte ein Verein doch keine Gewinne erzielen. "Ich habe Himmel und Hölle in Bewegung gesetzt, um einen neuen Koch für diese Herberge zu finden." 800€ Brutto war das Budget für eine 20 Stunden Stelle. "Dass wir überhaupt einen bekommen haben, war ein riesiger Kraftakt für mich" erzählte der Mann. "Von der Geschäftsführung hieß es, wir könnten erst einen einstellen, wenn es einen neuen Herbergsvater gäbe." Dabei hatte sich für die langen Wochenenden im Mai mehrere Gruppen à 100 Personen angemeldet. "Das sollte mit Caterern organisiert werden. Aber findet mal einen Caterer, der am Wochenende so viele Leute bedienen kann. Im Mai sind Konfirmationen und andere Feierlichkeiten. Die Caterer der Schulen und Kindergärten beliefern nicht am Wochenende.

Neulich mussten wir uns mit einem Caterer vom Pflege-heim aushelfen, als wir eine Sportgruppe hier hatten. Da haben bei den vielen hungrigen Mäulern, die den Vormit-tag beim Schwimmen waren, die Nudeln nicht gereicht. Das war peinlich!"

So sieht es also hinter den Kulissen in den Jugendherber-gen aus.

In Augenhöhe mit der Weser

20. Mai: Bodenwerder – Höxter
Etappe: 45,6km
Fahrtzeit: 3h 01min

Volker: Es hätte so schön sein können! Auf die familienfreundliche Jugendherberge in Höxter hatten wir uns schon gefreut. Ein Spielzimmer für die Kinder sollte es geben. Da für heute Mittag ein wenig Regen angekündigt war, kam uns das sehr gelegen - dachten wir. "Die Strecke ist nicht so lang heute!" überlegte ich. "Da können wir mittags in der Jugendherberge sein und die Kinder können sich im Spielzimmer austoben. Da stört ein wenig Regen nicht." Leider hatten wir nicht bedacht, dass die Jugendherberge auch wieder erst ab 17 Uhr ihre Türe öffnete...

Was den Komfort der Jugendherbergen betrifft, hatten wir bisher ein eindeutiges Nord-Süd-Gefälle erlebt. Während wir in Norddeutschland von frisch renovierten Zimmern mit viel Platz für die Familie und Gepäck, geräumigen Aufenthaltsräumen und gutem Essen beeindruckt waren, hatten wir an der Mittelweser und der unteren Weser eher den Standard von vor 20 Jahren angetroffen. Dass an Personal gespart wurde, merkte man nicht nur an den seltenen Öffnungszeiten der Rezeption. Die Sauberkeit ließ zu wünschen übrig. Sanitäre Anlagen waren nicht immer funktionstüchtig und das Essen erinnerte an Jugendzeiten. Wobei das Personal bisher immer sehr nett und zuvorkommend war!

So mussten wir unseren Tagesplan ein wenig umgestalten. Die Tour begann landschaftlich wunderschön mit der Weser auf Augenhöhe. Das Wesertal verengte sich zunehmend und an den Seiten türmten sich steile Felshänge auf. Immer wieder tauchten schöne Fachwerkdörfer und Burgruinen am Weserufer auf. Wäre da nicht der Wind gewesen, wäre es eine ganz entspannte Fahrt gewesen. Bei Gegenwind und zunehmendem Auf und Ab in der hügeligen Landschaft wurde die Fahrt recht kraftraubend für uns. Trotzdem kamen wir zügig voran. Um Punkt 12 Uhr erreichten wir mit dem Glockenschlag Holzminden - da hatten wir immerhin schon über 30km geschafft. Hier wollten wir uns einen geeigneten Platz für die Mittagspause suchen. Es war recht frisch, daher stand uns eigentlich der Sinn nach einem Café, das bestenfalls auch eine Spielecke für Kinder hatte. Wir umrundeten die Altstadt ein paar Mal und wurden nicht fündig. Die Altstadt überzeugte uns auch insgesamt nicht, so dass wir schließlich ein paar Meter Richtung Ortsende weiterfuhren. Ein netter Park mit Bänken und sogar einer kleinen Rutsche wurde schließlich der geeignete Platz für unsere Mittagspause. In der Sonne war es doch ausreichend warm, so dass wir die Picknickdecke aufschlugen und den Campingkocher anschmissen. Johannas Brei war schnell gekocht und bestimmt ebenso schnell verzehrt. Unsere Brötchen schmeckten nach der Radtour auch hervorragend. Nils hatte mit einem großen Stein schon einen eigenen Herd gefunden, auf dem er dann für uns alle heißen Tee kochte; es war so schön mit anzusehen, wie seine Fantasie ihm die tollsten Spielgeräte präsentierte.

Eine lange Pause konnten wir uns dann allerdings doch nicht gönnen, da dunkle Wolken aufzogen und Regen ankündigten. "Vielleicht schaffen wir es noch bis Höxter, wenn wir jetzt weiter radeln!" trieb ich uns zur Eile an. "Dort schaffen wir es vielleicht in ein Café oder vielleicht ja sogar bis zur Jugendherberge.". Eilig verstauten wir das Gepäck auf den Rädern und die Kinder im Anhänger und es ging im Eiltempo weiter die Weser hinauf. "Auf dem Weg zum Weltkulturerbe" leuchtete uns mehrmals auf dem Radweg in weißer Schrift entgegen. Bald erreichten wir das Kloster Corvey, das mit seinen imposanten Mauern und Türmen in der Weserberglandschaft hervorstach.

Ein paar Tropfen bekamen wir zwar ab, doch Höxter erreichten wir, ohne groß nass zu werden. "Lass uns mal erst zur Jugendherberge fahren" meinte ich. "Vielleicht lässt uns ja doch jemand rein!" Wer hatte eigentlich diese Herbergen alle auf dem Berg gebaut??? Schon in Bodenwerder kamen wir nur mit Müh und Not schiebend den Berg hoch. Hier zog sich auch eine ewig lange sehr steile Serpentinenstraße zur DJH hinauf. Als wir schwitzend und schnaufend und mit hochroten Köpfen vor der Tür standen, ließ uns ein freundlicher Mann zumindest mal hereinkommen. Er war nur ein Seminarteilnehmer, die die Räumlichkeiten der DJH gemietet hatten. Immerhin konnten wir unser Gepäck und die Räder unterbringen. In unser Zimmer konnten wir noch nicht und auch das beschriebene Spielzimmer fanden wir verschlossen vor, so dass wir uns tatsächlich noch einmal den Berg hinunter in die Stadt wagten. Nur mit dem Anhänger als Kinderwagen ging es zu Fuß etwas besser. Unten wurden wir mit einem großen Eis belohnt und verbrachten den restlichen Nachmittag wieder auf einem Spielplatz. Das Wetter hatte sich wieder gebessert und die Sonne wärmte uns ordentlich.

Nach einer weiteren Spielrunde in dem tollen Spielzimmer, aber einem ausgesprochen mäßigen Abendessen (aber wenigstens warm) fielen unsere Kinder todmüde ins Bett. Hier hatten wir das mit Abstand kleinste Zimmer auf unserer ganzen Reise bisher. Warum wir ausgerechnet in diesem Zimmer untergebracht waren, wo die Jugendherberge bis auf uns nur zwei weitere Gäste hatte, war uns ein Rätsel.

Aber nach so einem Tag freuten wir uns einfach nur über unser Bett.

Für den morgigen Tag hatten wir allerdings schon umgeplant. Diese abseits der Stadt gelegenen Jugendherbergen, die uns erst am frühen Abend einlassen, hatten wir satt. Da nur eine kurze Tour bis Bad Karlshafen anstand, wollten wir gerne den Nachmittag in der Weser-Therme mit den Kindern verbringen. Ein paar Telefonanrufe später hatten wir ein Familienzimmer in einer Pension fußläufig von der Therme organisiert. "Das kostet uns zwar etwas mehr, aber ist es allemal wert!" waren wir uns einig.

Mittagessen in der Natur

Kloster Corvey

Die ehemalige Benediktinerabtei Corvey gilt als eine der bedeutendsten Klostergründungen im mittelalterlichen Deutschland. Romantisch am Weserbogen und am Weser-Radweg gelegen, gilt Corvey damals wie heute als kultureller Leuchtturm, der mit seiner mehr als 1200-jährigen Geschichte weit strahlt und weltweit seines-gleichen sucht. Seit dem Jahr 2014 ist Corvey auf der Liste der UNESCO als "Weltkulturerbe" eingetragen. Heute empfängt den Besucher eine weitläufige barocke Anlage in herzoglichem Besitz, deren Räumlichkeiten als Museum zu besichtigen sind. Zwischen dem 9. und 12. Jahrhundert zählte Corvey zu den bedeutendsten geistlichen, kulturellen, wirtschaftlichen und politischen Zentren in Nordeuropa. Wichtige Impulse für die Christianisierung des Nordens und des Ostens gingen von hier aus. Damals wie heute ist Corvey kultureller Mittelpunkt der Region und bedeutendstes Kulturdenkmal an der Oberweser. Das frühmittelalterliche Karolingische Westwerk, der barocke Klosterbau und die Fürstliche Bibliothek mit rund 75.000 Bänden faszinieren Besucher aus aller Welt. Der Verfasser der deutschen Nationalhymne war hier als Bibliothekar des Herzogs tätig und wurde nach seinem Tod auf dem benachbarten Friedhof begraben. Einzigartig macht das Corveyer Westwerk nicht nur sein Alter, sondern auch seine prächtige Wandmalerei, die in Fragmenten noch heute erhalten ist. Sie zeigt Szenen aus der Odyssee und beweist damit, dass auch sakrale Gebäude der damaligen Zeit auf Bilder aus der Antike zurückgegriffen haben. Besonders ist auch die Orgel in der ehemaligen Abteikirche, die zu den schönsten und bedeutendsten Orgeln Westfalens gehört.

Wo Werra sich und Fulda küssen

22.Mai: Bad Karlshafen - Hann. Münden
Etappe: 50,3 km
Fahrtzeit: 3h 05min

Berit: Heute morgen konnten wir uns nur schwer von der Herberge in Bad Karlshafen trennen. Das lag aber nicht unbedingt nur an der Herberge, sondern an dem schönen Wetter und dem kleinen Spielplatz, den Nils im Garten der Pension entdeckt hatte. Schon morgens wärmte die Sonne so schön, dass die Kinder sich endlich mal ohne Jacken draußen bewegen konnten. Während Nils begeistert mit der Schubkarre durch die Gegend zog und wieder und wieder die Rutsche hinab sauste, krabbelte Johanna vergnügt über den Rasen, musterte Gänseblümchen und fand immer wieder Gegenstände, an denen sie sich hochziehen konnte. Erst um halb elf saßen unsere inzwischen richtig müden Kinder im Anhänger und unsere Tagestour nach Hann. Münden konnte losgehen. "Ein bisschen spät." meinte Volker. "Wir haben heute eine lange Etappe vor uns." Es war unsere letzte Etappe an der Weser. Knapp 50 Kilometer bis Hann. Münden. Dann würden wir die Weser verlassen und unsere Tour an der Fulda fortsetzen. "9 Reisetage hat uns der Fluss jetzt seit Bremen begleitet!" philosophieren wir.

"Ist aber auch ein schönes Gefühl, ein Kapitel der Reise abgeschlossen zu haben."

Die letzte Weseretappe verwöhnte uns mit einer wunderschönen Landschaft. Die recht schmale Weser schlängelte sich durch das saftig grüne Tal, gesäumt von Wiesen und Feldern. An ihren Ufern weideten Schafe und Kühe, galoppierten Pferde in der warmen Sonne. An den Seiten türmten sich steil die Hügel des Weserberglands auf. Beschauliche Orte mit gepflegten Fachwerkhäusern tauchten wieder und wieder auf der Route auf. Immer wieder hatten wir das Gefühl, dass hier die Zeit stehen geblieben war. Wieder einmal mussten wir heute die Weser queren. Und wieder einmal konnten wir eine der vielen Gierfähren benutzen. Diese hier war besonders schön. Der Fährmann hatte die gesamte Fähre mit unzähligen Blumenkästen und Töpfen ausgestattet. Es war, als führe man in einem schwimmenden Garten über den Fluss.

Fasziniert über diese liebevolle Ausstattung der Fähre kamen wir mit dem Fährmann ins Gespräch. "Ich verbringe jeden Tag hier auf dem Kahn. Von März bis Oktober, von morgens bis abends, jeden Tag! Da habe ich es mir ein bisschen schön gemacht!" lachte er. Wir erfuhren, dass die Gierfähren der Stadt gehören und gepachtet werden können. Die Pächter müssen dafür sorgen, dass der Transport über den Fluss die ganze Zeit gesichert ist. "Manchmal ist es ruhig." erzählte der Mann. "Bei schönem Wetter oder an Feiertagen fahre ich aber meist die ganze Zeit hin und her". Viel Schiffsverkehr gebe es auf der Weser nicht mehr, daher sei meist eine problemlose Überfahrt möglich. "nur wie jetzt an Pfingsten, muss ich auf die ganzen Paddler aufpassen, die meinen Weg kreuzen" lachte der Fährmann. Schade, dass die Überfahrt nur ein paar Minuten dauerte. Mit ihm hätte man sicher noch ein nettes Pläuschen halten können. Aber auf der anderen Seite wartete bereits wieder ein Auto. "Mist, das hätte zwei Minuten eher kommen können, dann hätte ich mir die Fahrt sparen können!" brummte er noch und zog wieder an dem Seil, um das Boot in Fahrt zu bekommen. Gerade mal ein Euro kostete die Überfahrt pro Person. "Da muss man schon etliche Male fahren, um einen vernünftigen Tagessatz zu erreichen" rechnete Volker.

Gegen Mittag erreichten wir ein lauschiges Örtchen, an dessen Ortseingang ein Biergarten mit seinen Tischen und Stühlen in der Sonne lockte. Im Vorbeifahren sahen wir hinter den Tischen auch einen kleinen Spielplatz. "Hey, das ist doch der perfekte Platz für eine Mittagspause!" rief ich.

Ein Platz zum Spielen für die Kinder, ein kühles Getränk und schließlich ein paar Pommes für Nils - was will man mehr an so einem wunderschönen Tag. Johanna bekam ihr

Gläschen warm gemacht, aber irgendwie war ihr Interesse an den Butterbroten, die wir geschmiert hatten, größer. Satt und zufrieden blieben wir noch eine ganze Weile in dieser netten Wirtschaft. Vielleicht ein bisschen zu lange. Johanna konnten wir problemlos in den Anhänger setzten, ihr fielen die Augen schon beim Anschnallen zu. Nils hingegen war nörgelig und weinerlich. Müde war er, keine Frage. In solchen Momenten passierte es, dass eine Gegebenheit, eine Kleinigkeit seine Stimmung komplett kippen lassen konnte. Ich war, ohne darüber nachzudenken, in die Gaststätte hineingegangen, ohne Nils Bescheid zu geben. Als er meine Abwesenheit bemerkte, suchte er mich verzweifelt und war völlig außer sich, als er mich nicht fand. "Ich wollte doch mit auf Toilette gehen!" rief er enttäuscht, als ich wieder kam. Als ich ihn tröstend in den Arm nahm und ihm versprach, dass er das nächste Mal auf jeden Fall mitdürfte, kuschelte er sich in meinen Arm und sagte: "Ich bin so müde, ich möchte bei Mama kuscheln!" Da reichten die Minuten, die wir ihm gönnten, leider nicht aus. Es erforderte viel Überredungskunst, ihn in den Anhänger zu bekommen. Die ersten Minuten der Weiterfahrt wurden von Nils Weinen und den stetigen Wiederholungen: "Ich will bei Mama kuscheln" verfolgt. Nur geschicktes Ablenken und Einbinden in die Fahrtstrecke konnten ihn schließlich beruhigen.

Bald hörten wir nichts mehr und er war - genauso wie Johanna - eingeschlafen.

Nach einem kräftezehrenden Auf und Ab erreichten wir bald Hann. Münden. Um die Kinder zu schonen, beschränkten wir unsere Stadtbesichtigung auf den Besuch des Wesersteins. "Wo Werra sich und Fulda küssen, sie ihren Namen büßen müssen. Und hier entsteht durch diesen Kuss deutsch bis zum Schluss der Weserfluss!" 1899 wurde dieser Stein mit der Inschrift erstellt. Der Quarzit wiegt rund 70 Zentner und kommt aus den Wäldern von Hann. Münden. Gestiftet wurde der Stein vom Fabrikant Carl Natermann, der auch den Vers gedichtet hat.

Schon beeindruckend, die drei Flüsse zusammen fließen zu sehen. Das obligatorische Familienfoto machte ein Motoradfahrerpärchen von uns. Als wir ihnen erzählten, dass unsere Reise auf Sylt gestartet ist, wollten sie ihren Ohren nicht trauen. Erst als wir Ihnen ein Beweisfoto und unsere Internetseite zeigten, glaubten sie unsere Geschichte.

Der Parkplatz auf der Insel füllte sich zunehmend mit Wohnmobilen und Reisebussen. Das lange Pfingstwochenende stand bevor und die Stadt Hann. Münden schien ein beliebter Ort für Pfingstbesuche zu sein. Wir hatten im Vorfeld Probleme gehabt, überhaupt eine Unterkunft dort zu bekommen. Die einzige Ferienwohnung, die wir bekamen, lag drei Kilometer südlich die Fulda hinunter im Ortsteil Bonafarth. Ein schnuckeliger ländlicher Ort - die Ferienwohnung aber leider zum "schnell weiterfahren". Ein in die Jahre gekommenes Haus, das eine Renovierung dringend nötig hätte. Auf den ersten Blick schien sie bei unserer Ankunft passabel, der zweite Blick zeigte aber leider viele dreckige Ecken, Schimmel und zentimeterdicke Staubschichten. Johanna, die die meiste Zeit krabbelnd auf dem Boden unterwegs war, war der eindeutige Beweis. Zweimal im Zimmer auf und ab und die Hose hatte nicht mehr die Originalfarbe. Die alten Möbel und Matratzen durfte man nicht allzu genau ansehen und in das Badezimmer hätte man lieber mal das Gesundheitsamt geschickt. "Ihr habt Glück!" rief uns der Vermieter entgegen und wischte sich den Schweiß aus der Stirn. "Bis eben hatten wir keinen Strom. Jetzt habe ich es gerade wieder reparieren können." Wenn nicht der schöne Garten zum Verweilen eingeladen hätte, wären wir wahrscheinlich doch nochmal auf die Suche nach einer neuen Unterkunft gegangen. "Bei dem schönen Wetter können wir den Nachmittag auf dem Spielplatz und den Abend im Garten verbringen!" beruhigten wir uns. "Wir haben keine Alternative und die Kinder kriegen wir jetzt eh nicht mehr in den Fahrradanhänger." Der Abend wurde noch richtig schön. Volker warf ihm

Garten den Gaskocher an, zwei Dosen Ravioli waren schnell heiß gemacht und von uns vieren verputzt. "Das sind so Gerichte, die auf Touren super schmecken." sagte Volker. "Zuhause geht das auch mal, schmeckt aber lange nicht so gut wie jetzt." Am nächsten Tag sollte es weiter gehen nach Guxhagen. "Hoffentlich sind wir da besser untergebracht." überlegten wir. So viel Geld für schäbige Ferienwohnungen und Pensionen auszugeben, stieß uns schon sauer auf. Immerhin über 70 Euro kosteten im Durchschnitt die Unterkünfte der letzten Tage. Aufgrund der Feiertage hatten wir allerdings keine Wahl. Jugendherbergen und Campingplätze, die auch Hütten anboten, waren seit langem ausgebucht. "Das wird nächstes Wochenende ab Fulda genauso schwer werden, gute und günstige Übernachtungsmöglichkeiten zu finden!" stöhnten wir. Schließlich folgte das nächste verlängerte Wochenende über Fronleichnam. Beim Abendessen nahm Nils dann auf einmal meinen Arm: "Nächstes Mal darf ich mit auf Toilette gehen, Mama!"

Halbzeit

23. Mai: Hann. Münden - Guxhagen
Etappe: 51,3km
Fahrtzeit: 2h 54min

Berit: Die Unterkunft war so dreckig und eklig, dass wir morgens fast fluchtartig die Ferienwohnung verlassen hatten. Das Frühstück hatte uns den Rest gegeben. Allein der Geruch, den man im Frühstücksraum aushalten musste, ließ ein gemütliches Frühstücken gar nicht erst zu. Die Brötchen waren alt und hart, der Aufschnitt roch suspekt. Ganz zu schweigen von der Marmelade, deren Verfallsdatum in weiter Vergangenheit lag.

Ungewöhnlich früh saßen wir also im Sattel: kurz nach neun ging es los auf die erste richtige Fuldatour. Ganz ruhig schob sie sich neben uns entlang: die Fulda. Die Oberfläche spiegelglatt, die Bäume die über die Ufer ragend, gab es ein unheimlich idyllisches Bild ab.

Wir traten in die Pedale und nahmen ein gutes Tempo auf. Getrieben von der schlechten Herberge? Es rollte aber auch gut. Auf dem Fuldaradweg erfuhren wir allerdings nach einer Weile eine Vollsperrung und wurden auf die parallel führende Bundesstraße geleitet. "Oh nein!" dachten wir. "Landstraße ohne Fahrradweg und das in hügeligem und kurvigem Gelände...!" Aber irgendwas war anders.

144

Nach einiger Zeit fiel uns auf, dass die Straße für Autos gesperrt war. Die einzigen Verkehrsteilnehmer hier waren Radfahrer! Auf dem Asphalt ging es schnell voran - ein lustiges Gefühl die gesamte Straße einnehmen zu können. Kassel war schnell erreicht. Die Stadt ließen wir aber links liegen. "Mir steht der Sinn zurzeit nicht nach Städten - zu voll, zu stressig, zu laut!" meinte Volker und ich stimmte ihm zu. Die Kinder schliefen und wir waren gut in Form - warum also nicht Strecke machen? Weiter die Fulda rauf ging es entlang an Pferdekoppeln und kleineren Ortschaften. Manchmal hatte man das Gefühl auf "Augenhöhe" mit dem Fluss zu fahren, so nah führte der Weg am Wasser entlang. Wir wunderten uns über die vielen Staustufen und Schleusen, die uns auf der kurzen Strecke begegneten. Die Uhr ging langsam auf zwölf Uhr zu und die Kinder wurden wach. Zeit für eine Mittagspause. Der nächste Ort Fuldasbrück kam uns da mit einem Hinweisschild auf ein Restaurant sehr entgegen. Vom Radweg an der Fulda kommend, folgten wir den Schildern in den Ort. Dieser lag leider einige Höhenmeter oberhalb der Fulda und brachte uns ganz schön ins Schnaufen. Oben angekommen, mussten wir feststellen, dass es das Restaurant anscheinend nicht mehr gab. Gefunden haben wir es jedenfalls nicht. "Unten am Radweg gibt es einen Biergarten." gab uns ein alter Mann einen Tipp.

"Ob der mittags schon geöffnet hat, kann ich nicht sagen, aber das wäre die einzige Möglichkeit, hier einzukehren." Also ging es den Berg wieder hinunter. Wären wir dem Radweg einfach weitere hundert Meter gefolgt, hätten wir den Biergarten selbst gefunden und uns die Plackerei in den Ort gespart. Es war genau der Mittagspausenplatz, den wir gesucht hatten. Eine kalte Cola und ein alkoholfreies Bier, dazu für alle Bratwurst und für die Kinder einen netten Spielplatz. Perfekt! Das hatten wir uns nach den zurückgelegten vierzig Kilometern auch redlich verdient. Wie so oft kamen wir mit anderen Gästen schnell ins Gespräch. Ganz gespannt lauschten sie unseren Erzählungen von unserer Tour und unseren Erlebnissen. Ein wunderbares Gefühl, immer wieder auf Menschen zu treffen, die so sehr interessiert sind an dem, was wir machen.

Die letzten zehn Kilometer der heutigen Etappe verflogen wie im Flug. Kurz vor Guxhagen sahen wir nach fast drei Wochen das erste Mal wieder eine Autobahn in der Landschaft. "Irgendwie ein besonderer Moment" meinte Volker. "Jetzt sind wir über achthundert Kilometer durch Deutschland gefahren und sind weit und breit vom Anblick der Autobahnen verschont geblieben. Jetzt fällt es mir richtig auf und stört sogar richtig!"

Die Fulda

In unseren Tagen wird die Fulda zwar lebhaft von Sport-
und Fahrgastschiffen genutzt, es gibt jedoch keinen Güterverkehr mehr. Dies war früher anders, denn die Fulda kann
als Wasserstraße auf eine lange Geschichte zurückblicken.
Auf der Werra wurde schon um das Jahr 600 Handelsschiff-
fahrt bis hin zur Nordseeküste betrieben, und von den Klös-
tern Fulda und Hersfeld, die im Jahre 744 bzw. 755
gegründet wurden, ist bekannt, dass sie auf dem Wasser-
wege mit ihren Gütern bei Eisenach verbunden waren. In
dieser Zeit transportierte man Güter lieber auf dem Wasser-
weg als über Land, denn es gab damals in der Regel nur un-
befestigte Wege, die häufig auf den Höhen verliefen, so dass
der Landtransport sehr mühsam war, bis nach und nach befestigte Straßen gebaut wurden. Durch den im Laufe der
Zeit preisgünstiger werdenden und vor allem schnelleren
Transport per Eisenbahn und dem verstärkten Einsatz von
LKWs auch im Getreidetransport, der die wichtigste Grund-
lage der Fulda-Schifffahrt war, verringerte sich das Fracht-
aufkommen auf dem Fluss. Bei niedrigem Wasserstand im
Sommer konnten die Schiffe zudem nur zu 40% beladen
werden, weil die Schleusen veraltet waren und den Wasserstand nicht mehr ausreichend regulieren konnten. Umgekehrt war es im Winter. Häufig wurden die Nadeln der
Wehre durch Hochwasser und Eisgang beschädigt, so dass
die Schleusen dann für einige Wochen außer Betrieb waren.
All dies machte die Binnenschifffahrt auf der Fulda immer
unrentabler. Die Fulda ist jetzt für die Fahrgast- und Sport-
schifffahrt auf einer Wassertiefe von 1,50 m ausgebaut. so
dass sie nun ganz den Sportbooten und einigen Ausflugs-
dampfern gehört.

Die Nadelwehre wurden durch neue Walzenwehre ersetzt. Die Uferlandschaft wurde im Hinblick auf Erholungszwecke umgestaltet und es entstanden Feuchtbiotope, Wander- und Radwege, Vogelschutzgebiete usw. So hat sich der Fluss im Laufe der Zeit von einem mehr oder weniger häufig für den Güterverkehr genutzten Verkehrsweg zu einem ruhigen und landschaftlich wunderschönen Freizeitrevier gewandelt.

Die Fulda wird in zwei Abschnitte unterteilt, die obere Fulda bis oberhalb von Kassel und die untere Fulda bis zur Mündung in die Weser in Hann. Münden. Die obere Fulda ist eine Bundeswasserstraße, die nicht dem allgemeinen Verkehr dient. Die untere Fulda wurde in Fortsetzung der Weserwasserstraße und zum Anschluss der Stadt Kassel an das Binnenwasserstraßennetz in den Jahren 1892 bis 1896 staugeregelt. Entlang der Fulda befinden sich heute insgesamt sieben Staustufen sowie ein Handelshafen in Kassel

148

Unsere heutige Unterkunft war ein alter Gutshof. Hier wurden seit einiger Zeit Zimmer, Ferienwohnungen und Seminarräume angeboten. Yoga und Meditation standen hier hoch im Kurs. Direkt beim Einfahren in den Hof waren wir begeistert. Ein toller restaurierter Hof mit einem gepflasterten Innenhof, der wunderschön mit Blumen bepflanzt war. Als wir klingelten, mussten wir doch etwas schmunzeln. Ein völlig weiß gekleideter Mann machte uns die Tür auf. Sein langes graues Haar war im Nacken zu einem Zopf gebunden. Sein Bart unter dem Kinn ebenfalls. Viel sprach er nicht. Für weltliche Dinge hatte er sicher nicht viel übrig und man bekam das Gefühl, ihn gerade in seiner Mittags-Meditation gestört zu haben. Immerhin zeigte er uns die Wohnung, die für uns reserviert worden war und ging dann zu unseren indischen Nachbarn hinüber. Mit ihnen fiel er in ein reges Gespräch auf indisch.

Auf diesem Gutshof bot sich uns das komplette Gegenteil zur vorherigen Übernachtungs-möglichkeit vor: Eine geräumige Wohnung, frisch renoviert mit weißen Wänden und hellem Laminatboden. Für uns vier ein ungewohnter Luxus an Platz und Raum. Neben dem Schlaf-Wohnraum gab es zwei weitere Kinderzimmer sowie eine Küche und ein Bad. Mit unseren Radtaschen und dem Kinderspielzeug verbreiteten wir schnell unser übliches Chaos. Die Kinder konnten herumflitzen und wir die Beine auf der Couch hochlegen. Volker radelte noch einmal ein paar Kilometer zurück, um unseren gesamten Einkauf für die Pfingsttage zu erledigen. Fluchend über die Höhenmeter kam er nach gut einer Stunde zurück. "Dieser verdammte Laden liegt natürlich am höchsten Punkt des Ortes! Und dann habe ich auch noch das Brot vergessen - so haben wir nun Kekse, Käse, Salami und Butter, aber leider kein Brot für die Feiertage!"

Das Wetter trieb uns heute nicht mehr nach draußen. Irgendwie waren wir alle kaputt. Sogar Nils wollte nicht mehr zum Spielplatz, sondern drinnen spielen.

"Es ist doch ganz schön anstrengend, jede Nacht woanders." wurde ich nachdenklich. "Nicht nur die Kinder müssen sich immer neu eingewöhnen...!" Volker stimmte zu. "Heute beim Radfahren habe ich auch nachgedacht, ob nicht vier Wochen Fahrradtour gereicht hätten."

Wir hatten heute die 800-Kilometermarke geknackt und den 20. Tag in knapp vier Wochen auf dem Fahrrad verbracht. Die Hälfte hatten wir also geschafft. "Ist das ein kleines Zwischentief?" überlegte ich.

Nach dem selbst gekochten Abendessen mit Reis, Erbsen und Möhren und frischer Bratwurst - das hatte Nils sich gewünscht! - ging es allen aber wieder besser. Eigentlich wollte Volker den letzten Bundesliga-Abend genießen. "Ich möchte doch mitkriegen, wie Hamburg endlich absteigt" lachte er. Beim Betreten der Wohnung hatte er sich riesig über den Fernseher gefreut. Die Sache hatte allerdings einen Haken: Es fehlte das entscheidende Kabel, um die Kiste ans Laufen zu bekommen. "Das hat der Yoga-Heini doch extra gemacht!" schimpfte Volker. "Hier soll man bestimmt eher meditieren und nicht fernsehen." Der traditionelle Sportschau-Abend mit Salzstangen auf der Couch, wie er öfter zuhause stattfand, musste also einer kleinen Veränderung unterlaufen: die ganze Familie lag auf dem großen Doppelbett und futterte eine Packung Salzstangen in sich hinein. Der Fernseher blieb aus. Und es war großartig! So ein schönes Gefühl, einander zu haben. Es brauchte so wenig, um glücklich zu sein! So alberten wir den Abend noch herum, bis den Kindern buchstäblich die Augen zufielen. Die Wohnung war so groß und verfügte über drei Schlafzimmer. Doch wir würden die Nacht alle gemeinsam im Doppelbett verbringen.

Fazit des Tages: Hamburg hat es in die Relegation geschafft. Und: Salzstangen ohne Sportschau sind auch nicht zu verachten!

Vom Italiener, der eigentlich ein Inder war

24. Mai: Büchenwerra - Rotenburg an der Fulda
Etappe: 46,8km
Fahrtzeit: 2h 37min

Berit: "Lass uns doch heute Abend mal wieder was essen gehen!" schlug Volker vor, als wir nachmittags in der Ferienwohnung in Rotenburg saßen. Unsere Unterkunft für heute Nacht war eine Ferienwohnung oberhalb einer Eisdiele in der Fußgängerzone von Rotenburg. So mitten in der Altstadt gelegen bekamen wir Lust, den Abend draußen zu verbringen. Die eingekaufte Dosensuppe und die Würstchen würden noch eine weitere Etappe mitfahren dürfen. So schlenderten wir auf der Suche nach einer netten, kinderfreundlichen Gaststätte gemütlich durch die Altstadt. Die Auswahl an Restaurants im Ort sagte uns zunächst nicht so zu. "Nehmen wir doch einfach einen Italiener!" entschieden wir dann, denn Nils hatte sich ausdrücklich Nudeln gewünscht. Ein Blick ins "O´sole mio" geworfen: Ja, es gab Kinderstühle! Kurz entschlossen wurde dieses Lokal unsere Wahl.

Die Karte machte uns schon ein wenig stutzig: Es gab zwar eine riesige Auswahl an Pasta- und Pizzagerichten, aber beim genaueren Hinsehen bestanden die Unterschiede der einzelnen Gerichte eigentlich nur in der Art der Nudel. Insgesamt waren vielleicht drei verschiedene Pasta Soßen im Angebot. Ganz am Ende der Karte dann noch ein kleines Indiz: Vier indische Gerichte standen zur Auswahl. Da auch die Bedienung ausnahmslos indisch war, mussten wir lachen: "Vielleicht sollte man hier besser ein indisches Gericht wählen? Sicher ist auch der Koch Inder!" Und tatsächlich: wir kamen mit dem Chef des Hauses - auch Inder - ins Gespräch. "Ja, mein Neffe ist der Koch!" Warum sie denn kein indisches Restaurant betrieben, fragten wir. "Tja, wissen Sie" schmunzelte der Mann. "Ich hatte mal ein indisches Restaurant. 120 Plätze und viele original indische Rezepte! Aber die Leute hier.... Dann wissen sie nicht, ob ihnen das wirklich schmeckt, ob es zu scharf ist... und dann 10-12 Euro pro Essen... das funktioniert in großen Städten, aber nicht hier in der Kleinstadt!" Wir mussten auch lachen und entschieden uns für ein leckeres indisches Curry. "aber ehrlicherweise wären wir mit den Kindern auch nicht zum Inder gegangen!" gaben wir zu. Und so war es doch die beste Wahl, die wir heute Abend hätten treffen können: Nudeln für Nils und indisches Curry für uns. Und eins musste man sagen: Bei der italienischen Bolognese-Soße hatte Nils ganz schön reingehauen. Kompliment an den Koch!

Historische Altstadt von Rotenburg an der Fulda

Ankunft am Übernachtunsplatz

Ruhetage bei Bauer Heinrich

25. Mai: Rotenburg an der Fulda - Niederaula
Etappe: 46,3 km
Fahrtzeit: 2h 49min

Volker: "Nur noch einmal..." wie oft haben wir diesen Satz am heutigen Abend von Nils gehört. "Nur noch einmal rutschen! Nur noch einmal die Kaninchen füttern! Nur noch einmal Traktor fahren!"

Nach 8 Rad-Tagen hintereinander hatten wir heute unsere Pausenstation erreicht! Hier - auf einem Bauernhof kurz hinter Niederaula - wollten wir 2 Tage ausruhen, entspannen und einen Ausgleich für die Kinder schaffen. Gleich bei der Ankunft wurden wir überschwänglich von unseren Gastwirten, dem Bauer Heinrich und seiner Frau begrüßt! "Toll, dass ihr schon da seid! Die Ferienwohnung ist noch nicht trocken nach dem Putzen, aber ich zeige euch gleich mal den Hof." Ich bekam noch ein kühles Bierchen zum Erholen und schon waren wir auf dem Hofgelände unterwegs. Hier gab es nicht nur Kühe, sondern auch Ziegen, Katzen und Kaninchen. "Die Kühe gehören mir allerdings nicht!" erzählte Bauer Heinrich. "Ich hatte damals 30 Milchkühe. Das habe ich inzwischen aufgegeben. Das hier sind jetzt die Rinder meines Patensohns." Nils hatte schon begeistert einen kleinen Traktor zum Fahren gefunden und rollte staunend durch den Kuhstall. "Die Kuh macht Pipi!" rief er plötzlich. "Ja." lachte Heinrich. Die Rinder kommen immer mal wieder in den Stall, aber auch wieder auf die Wiesen. Die trächtigen Mutterkühe bleiben im Stall." Bis ins 16. Jahrhundert habe er die Verwandtschaft nachgeforscht, seit damals gab es diesen Hof. "Ich hatte damals keine Wahl: als einziger Sohn war klar, dass ich den Beruf des Landwirts von meinem Vater erlerne. Aber wissen Sie was: ich würde es wieder machen. Es ist ein toller Beruf." Leider habe ein kleiner Betrieb wie seiner in der heutigen Groß-Landwirtschaft keine Chance mehr. "Meine Kinder haben andere Berufe gelernt. Ich werde jetzt 65 und die Landwirtschaft haben wir schon größtenteils aufgegeben." Bauer Heinrich wirkte nachdenklich. "Wir haben Glück, dass die Ländereien uns gehören. Unsere Ahnen mussten damals für die 70 Hektar Land mit ihrer Arbeitskraft bezahlen. Damals mussten sie sich verpflichten, dem Gutsherr 300 Tage im Jahr für 50 Jahre das Land zu beackern und zu bewirtschaften. Als Lohn wurde ihnen später das Land überschrieben."

Seine Frau sei vor einigen Jahren auf die Idee gekommen, einen Ferienbauernhof aufzubauen. "Mit zwei Ferienwohnungen haben wir angefangen!" erinnerte sich Heinrich. "Inzwischen sind noch einige Zimmer dazugekommen." Hier sei immer viel los. "Gerade für Kinder ist das hier ideal! Über die Pfingsttage waren insgesamt 28 Gäste da!" Weiter ging unsere Führung über den Hof. "Die Ziegen sind meine lebenden Rasenmäher." lachte Heinrich, "aber passt ein bisschen auf. Die können auch schon mal stoßen. Auch wenn es freundschaftlich gemeint ist, ist das für kleine Kinder nicht gerade angenehm!" Der große Spielplatz hinter dem Haupthaus begeisterte unsere Kinder direkt. Schaukel, Rutsche und ein großer Sandkasten - alles, was das Kinderherz begehrt. Das Beste für uns: die nette Frau des Hauses bot uns selbst gebackenen Kuchen und frischen Kaffee an. Das tat richtig gut nach dem vormittäglichen Radfahren.

Auch heute hatte uns die Strecke einige Höhenmeter rauf und runter geschickt. Von Rotenburg aus führte der Radweg zunächst durch den Wald an der sehr ursprünglichen Fulda entlang. Die Bäume und Büsche am Rand ragten weit über das Ufer hinüber. Es war recht diesig und wir waren früh unterwegs. Am frühen Pfingstmontag waren noch nicht viele Menschen unterwegs. In den Ortschaften roch es nach Kaminfeuer und hier und da hörte man eine Kirchenglocke läuten. Schließlich ging es wieder auf und ab entlang der hügeligen Felder. In Bad Hersfeld legten wir keinen Stopp ein, da die Kinder beide schliefen und der Himmel sich dunkel zusammenzog. "Gegen Mittag soll es Regen geben." sagte ich. "Hoffentlich schaffen wir es noch im Trockenen nach Niederaula!". An einem Stück schafften wir die Tour von gut 40 Kilometern auf jeden Fall nicht. Auch wenn wir kräftig in die Pedale traten... Etwa 10 km vor dem Ziel gab uns Johanna eindeutig durch lautes Geschrei zu verstehen, dass sie eine Pause brauchte. Nur leider bot sich in dem Moment kein geeigneter Pausenplatz an. Bald sahen wir eine kleine Ortschaft und in der Hoffnung dort ein Café oder ähnliches zu finden, fuhren wir mit dem schreienden Kind noch bis dahin weiter. Die Ortschaft entpuppte sich allerdings als Landwirtschaftsinternat und Forschungszentrum. Es half aber alles nichts. Wir hielten an und stellten die Fahrräder zum Schutz vor dem aufkommenden Regen in den Eingangsbereich der Häuser. So kam es, dass wir unsere Pause heute hier verbrachten: auf unserer Picknickdecke in den Grünanlagen vor dem Eingang der Forschungsanlage für Biogas des Frauenhofer Instituts. Den Kindern war es egal. Auch hier war Platz zum Rumrennen für Nils und Johanna krabbelte fröhlich über die Wiese. Zum Glück blieb der Regen aus.

Nach einer guten Stunde waren alle wieder fit - und in Johannas Fall müde - für die Weiterfahrt. Unseren Muskeln hatte die Pause allerdings nicht gutgetan. Die Beine waren die restlichen Kilometer sehr schwer. Ich fluchte die letzten

Kilometer: "Ich bin richtig kaputt und hab echt kein Bock mehr zu fahren, wann kommt die verfluchte Unterkunft" rief ich laut heraus. "Auch uns wird ein Tag Pause guttun!" fanden wir.

Nach unserer Hofführung war die Ferienwohnung freigegeben und das Gepäck musste in den zweiten Stock getragen werden. Jede Treppenstufe merkten wir doppelt: die Beine brannten!

Auf den Tag genau waren wir heute vier Wochen unterwegs und hatten in 22 Rad Tagen gute 950 Kilometer hinter uns gebracht. "Wahnsinn" überlegte Berit: "kurz hinter Fulda erreichen wir in zwei Tagen nicht nur die 1.000 Kilometer-Marke, sondern auch das Bundesland Bayern!!! Unglaublich - dann sind wir wirklich schon in Bayern!" Ich stimmte zu: "Wir kommen unserem Ziel, die gesamte Strecke durch Deutschland vom nördlichsten Punkt bis zum südlichsten Punkt mit dem Fahrrad und zwei kleinen Kindern zu radeln kommen wir immer näher!" Ein großartiges Gefühl...

Traktorfahren und Ponyreiten

26. Mai: Ruhetag

Berit: Ein Ruhetag für uns und ein aufregender Tag für die Kinder. Das Erste, was Nils beim Aufwachen am Morgen sagte, war: "Ich will in den Sandkasten gehen!". Das leckere Frühstück bei Bauersfrau Birgit konnte er so gerade noch abwarten. Dann aber schlüpfte er ungeduldig in Schuhe und Fleecejacke. Sandkasten, Spielhäuschen, Rutsche und Schaukel waren schnell erobert. Als Nils gerade fröhlich Sand aus einem Eimer in den Spieltraktor schaufelte, kam Bauer Heinrich mit seinem Enkelsohn vorbei. "Sag mal Nils, möchtest du vielleicht auch Traktor fahren? Der kleine Mattis möchte nämlich eine Runde fahren." Etwas zögerlich guckte Nils hinter seiner Schaufel hervor. "Nein, ich möchte hierbleiben!" entschied er. "Aber das ist eine tolle Gelegenheit!" munterte ich ihn auf. Es brauchte einiges an Überredungskraft, dass er schließlich mitkam und mit uns dreien in den Traktor stieg. "Aber nicht aufs Feld fahren!" schränkte er noch ein. Heinrich beruhigte ihn. "Wir fahren über die Straße!". Nachdem wir ein kurzes Stück gefahren waren, war Nils Skepsis verflogen. "Traktorfahren macht Spaß!" verkündete er. Hoch hinauf ging es über die Straße und den Feldweg auf den gegenüberliegenden Hügel. Von dort hatten wir einen wunderbaren Blick auf das Dorf Niederjossa und die Umgebung. "So kleine Strukturen wie hier haben im dicht besiedelten Deutschland leider keine Chance mehr." bedauerte Bauer Heinrich. "Dabei ist das so wichtig! Für die Menschen, die Natur. Das Wohlbefinden." Früher habe es immerhin zwei kleine Einkaufsläden gegeben und eine Grundschule. "jetzt gibt es immerhin noch einen Kindergarten. Aber wir sind ja selbst schuld: Haben wir doch alle bei den großen Discountern eingekauft, als die in der Umgebung geöffnet haben!" Heinrich zeigte über die Wiesen, die steil die Abhänge hinunterführen. "Das ist alles mein Land. Hier habe ich früher Getreide geerntet." erzählte er. "An so steilen Abhängen? Wie geht das denn?" wunderte ich mich. "Ja, das war sicher nicht ganz ungefährlich! Ich bin damals einfach mit dem Mähdrescher über die Felder gefahren." Den Hof hatte er immer allein geführt. "Sicher, ich hatte Auszubildende und Praktikanten. Und mein Vater hat damals viel geholfen!" Auf der Rückfahrt erfuhren wir noch mehr über das Örtchen. Der Fluss ist die Jossa. Sie wurde in den 60er Jahren umgeleitet. Bis dahin war der Ort jedes Jahr überschwemmt. "Das kann man sich heute nicht mehr vorstellen!" Bauer Heinrich schüttelte gedankenverloren den Kopf. Wir erfuhren, dass auch hier die ländlichen Regionen vom Land gefördert werden. Durchschnittlich 30% der Investitionen übernimmt das Land.

Wieder am Hof angekommen sauste Nils direkt zu seinem Papa, um ihm von der spannenden Traktorfahrt zu erzählen. Nach dem Mittagsschlaf waren dann seine ersten Worte: "Ich will gerne wieder Traktor fahren!". "Dann musst du den Heinrich mal fragen!" forderten wir ihn auf. "Ok, ich frag den Opa Mann mal." Genauso kam es, als wir am Nachmittag Bauer Heinrich auf dem Hof begegneten. Der nickte bereitwillig und machte Nils und auch Volker eine Freude mit einer zweiten Fahrt in die Umgebung. Als die drei wieder heimkehrten, war es Zeit, die Ponys von der Wiese in den Stall zu holen. "Möchtest du vielleicht auch mal reiten?" fragte Heinrich. Zu unserem Verwundern war Nils dabei! "Mama muss mich gut festhalten!" Zunächst musste das Pony aber geputzt und gesattelt werden, wo Nils mit Begeisterung mithalf. "Vor drei Wochen ist Nils noch nicht mal in die Nähe von Kaninchen gegangen!" staunten wir. "Was für eine Entwicklung er mitgemacht hat, dadurch dass er so viel erlebt hat!" Ohne Angst saß er schließlich mit einem Fahrradhelm ausgestattet im Sattel, hielt sich gut fest und drehte zwei Runden auf dem Pony Max über den Hof. Bauer Heinrich führte das Pferd und ich sicherte ihn im Sattel. "Jetzt möchte ich lieber wieder Traktor fahren!"

entschied er dann. Kein Wunder, dass der Kleine heute todmüde ins Bett fiel.

Auszeit auf dem Bauernhof

Regionalförderung

In Hessen besteht rund 80% der Landesfläche aus ländlichem Raum. Das Umweltministerium Hessen bietet mit Unterstützung der EU Regionalförderung Fördermaßnahmen zur Stärkung des ländlichen Raums. Ziel ist es vor allem, für die junge Generation eine Perspektive im ländlichen Raum zu bieten. Nur so ist gewährleistet, dass die Landwirtschaft weiterhin möglichst flächendeckend funktioniert. Die ländlichen Räume sollen als Wohn-, Wirtschafts- und Erholungsgebiete weiter attraktiv bleiben. Unter anderen werden landwirtschaftliche Betriebe durch Ausgleichszulagen und Direktzahlungen gefördert.

Die Fulda

27. Mai: Niederjossa – Eichenzell
Etappe: 47,7km
Fahrtzeit: 2h 37min

Berit: Natürlich war es schwer, heute morgen von diesem schönen Bauernhof wegzufahren. Nur unter starkem Protest stieg Nils wieder in den Anhänger ein. "Ich möchte mit dem Holztraktor fahren!" rief er verzweifelt. Hier hätten wir gut noch ein paar Tage bleiben können. Und wären wir nicht hinter Fulda mit Volkers Vater verabredet, hätten wir es uns sicher noch überlegt, ob wir nicht einen Tag verlängern. "kommt doch noch mal wieder!" schlägt Bäuerin Birgit vor. "Das ist doch eine gute Idee!" meinten wir. Vielleicht kommen wir im Herbst noch einmal ein paar Tage zum Ausspannen vorbei.

Etwas verspätet starten wir unsere heutige Etappe nach Fulda. Die Muskeln haben uns den Tag Pause gedankt, die Reifen waren aufgepumpt und die Ketten geölt. Dementsprechend schnell ging es voran. Mit einer neuen Rekord-Durchschnittsgeschwindigkeit von 20 km/h rasten wir förmlich durch das Fulda-Tal. Sehr ländlich und idyllisch führte der Weg durch Felder und Wiesen und Wälder. Die unterschiedlichsten saftigen Grüntöne dominierten bei dem wolkenbehangenen Himmel die Landschaft.

Als wir uns schon freuten, bald Fulda erreicht zu haben - in der Ferne konnte man die Silhouette der Stadt schon sehen - kamen uns noch ein paar Höhenmeter in den Weg, die uns ganz schön ins Schwitzen brachten. Trotz allem hatten wir in knapp zwei Stunden 39 Kilometer bis zur Barockstadt Fulda zurückgelegt. Eine große Stadtbesichtigung konnten wir leider nicht anschließen. Auch wenn der Dom, vor dem wir zumindest kurz anhielten, und die wunderschöne Altstadt zu einem Stadtbummel einluden. Unsere Kinder hatten aber Hunger und mit Sicherheit keine Lust, an die lange Fahrt im Fahrradanhänger eine Stadtbesichtigung anzuschließen. In einem netten Brauhaus kehrten wir ein und freuten uns über ein leckeres Mittagessen zu absolut fairen Preisen.

Die restlichen Kilometer für heute führten uns gemütlich an der nun recht schmalen Fulda entlang in den kleinen Ort Eichenzell. Hier wollten wir in einem netten Landgasthof übernachten. Zum einen war in Fulda keine Unterkunft zu finden gewesen (die Bayern hatten Pfingstferien und in der gesamten Region schien alles ausgebucht zu sein) und zum andern konnten wir so unsere Etappe am nächsten Tag etwas abkürzen. Da stand uns ein langer Tag mit vielen Höhenmetern bevor. Die Fahrt in die Rhön lag uns schon schwer im Magen. Den Nachmittag verbrachten wir wie üblich: in der Eisdiele und dann auf dem Spielplatz. Das Abendessen bestand aus Butterbroten im Hotelzimmer. Dieses ging erstaunlich wenig chaotisch zu.

Schnitzelhauptstadt

28. Mai; Eichenzell - Jossa (Sinntal)
Etappe: 46,6km
Fahrtzeit: 3h 16min

Volker: Früh schwangen wir uns am Morgen auf die Räder. Schließlich standen uns heute knapp 50 Kilometer in der hessischen Rhön bevor. Mein Vater war allerdings noch früher auf den Beinen. Schon um 5 Uhr wollte er sich ins Auto setzen und zu uns auf den Weg machen. Ein paar Tage würde er uns begleiten. Nicht nur Nils freute sich schon auf den Besuch von seinem Opa. Mein Vater und ich hatten den optimalen Weg mit den wenigsten Steigungen akribisch ausgearbeitet. Das hatte zur Folge, dass wir viel Landstraße fahren mussten. Da wenig Verkehr war, war das aber nicht so schlimm. Die Steigungen schafften wir problemlos und wurden durch wunderschöne Ausblicke auf die bergige Landschaft entlohnt. In Uttrichtshausen legten wir Mittagspause ein. Glücklicherweise fanden wir wieder einen schönen Spielplatz, auf dem sich die Kinder austoben konnten. Per SMS die gesamte Zeit über unsere Strecke informiert, trafen wir hier Opa Paul. Nils machte Augen, als er seinen Opa auf dem Fahrrad den Berg hinaufkommen sah. An unserem heutigen Etappenziel - in Jossa im Sinntal - hatte Paul sein Auto im Landgasthof abgestellt und war uns auf seinem E-Bike entgegengekommen. So hatten wir nicht nur einen Führer, der die Strecke bereits kannte, sondern auch die präzisen Vorhersagen über die Länge der nächsten Steigung oder der nächsten Abfahrt. Anstrengend war es aber allemal. Lange Steigungen forderten uns ganz sehr: 500 Höhenmeter hatten wir noch zu bewältigen. Die ebenso langen Abfahrten waren dafür ein schöner Ausgleich und brachten ein wenig Erholung bis zum nächsten Anstieg. Um den Weg abzukürzen und die Geduld unserer Kinder nicht überzustrapazieren entschieden wir uns für den Weg entlang der Landstraße. Sicher nicht die schönere Strecke und auch nicht ganz ungefährlich. Die LKWs und Busse donnerten teilweise in einem Wahnsinnstempo an uns vorbei. Früh am Nachmittag erreichten wir Jossa und freuten uns über die nette Unterkunft, die mein Vater ausgesucht hatte. Nach einer heißen Dusche und einem kalten Getränk fühlten wir uns alle gut erholt. Nils verbrachte begeistert den Nachmittag mit seinem Opa, mit dem er die Umgebung entdeckte. Der Lauf des Flusses wurde mit seinem Lollistiel untersucht. Vor einer Brücke ins Wasser geworfen, kam er auf der anderen Seite der Brücke tatsächlich wieder zum Vorschein. Nachdrücklich beeindruckt erzählte er dieses Erlebnis noch kurz vorm Einschlafen am Abend.

Ich hatte schon die Abendkarte studiert. Schließlich waren wir in der Schnitzelhauptstadt gelandet. Mit großen Augen las ich das Angebot "Kraftschnitzel": "Schau mal" rief ich. "Wer es schafft, dieses Schnitzel von nicht weniger als einem halben Meter aufzuessen, der bekommt ein T-Shirt geschenkt mit der Aufschrift `Schnitzelbezwinger´". "Das schaffe ich!" verkündete ich. Der Gasthof rühmte sich außerdem mit dem Weltrekord für das längste Schnitzel: 9 Meter lang soll es gewesen sein! Leider enttäuschte die Kellnerin uns später bei meiner Bestellung. Heute könnten sie dieses große Schnitzel leider nicht anbieten. Also bekamen wir alle die unterschiedlichsten Schnitzelvariationen und ließen es uns richtig gut schmecken. Nils war inzwischen zu einem Profi im Auswärtsessen geworden. Selbstbewusst und eigenständig bestellte er sich seine Wünsche: "eine kleine Apfelschorle mit Strohhalm" verkündete er. Und als der Strohhalm dann nicht mitgeliefert wurde, orderte er ihn noch einmal nach. "Klar, bringe ich dir noch einen Strohhalm!" nahm es die Kellnerin mit Humor. Zum Ausgleich wurde sie wenig später von Nils hoch gelobt. "Hast du gut gekocht!" verkündete er und schob sich seinen Kartoffelkloß in den Mund. Johanna hatte heute beim Essengehen wenig Geduld. Sie wollte sich bewegen. Herumkrabbeln nach Herzenslust und - noch besser - an den Händen gehalten durch den Raum laufen. Das forderte sie inzwischen richtig ein. Wann immer sie die Gelegenheit hatte, schnappte sie sich zwei Finger von einem von uns, zog sich hoch und lief los. Aufpassen musste man auf sie wie ein Luchs. Sie wurde von Treppen zurzeit magisch angezogen. Wie schnell sie immer da war und - schwupps - schon ein paar Stufen hinaufgeschafft hatte. Leider hatte sie das Prinzip des rückwärts wieder runterkrabbeln noch nicht verstanden, so dass man höllisch aufpassen musste, dass sie nicht den Weg vorwärts wieder runter wählte.

Zeit mit Opa

29. Mai: Jossa - Gemünden am Main
Etappe: 32,5 km
Fahrtzeit: 1h 51min

Volker: "Ich geh Opa wecken!" verkündete Nils, als er die Augen aufschlug. In der Pension lagen unser Zimmer und das von Opa Paul direkt gegenüber -- zur großen Freude unseres Sohnes. Schon stand er klopfend vor Opas Tür und der Tag könnte für ihn losgehen. Es gab noch so viel zu tun, bevor es im Fahrradanhänger weiter ging. Schließlich musste noch die kleine Rutsche im Vorgarten der Pension ausprobiert werden und dann stand da noch ein Trampolin. Ein ausgiebiges Frühstück mit viel frischem Obst brachte uns die nötige Stärkung für die anstehende Etappe.

Durch das idyllische Sinntal führte uns der heutige Rhön-Sinntal-Radweg vorbei an alten Burgen und Schlössern und Dörfern, die mit vielen Einkehrmöglichkeiten zum Verweilen einluden. Kieswege führten uns auf und ab durch Wald und Wiesen entlang der mäandernden Sinn. Wir hielten uns entlang der Bahnlinie von Obersinn nach Mittelsinn und Burgsinn. Rechts von uns türmten sich die Gebirgszüge des Spessarts. Weit oben thronte die Höhenburg Rieneck. Im Mittelalter gebaut, um die Macht der

Grafschaft Rieneck gegen die umliegenden Territorien zu verteidigen, dient sie heute als Pfadfinderburg.

Mit Opa Paul in Begleitung durch das Sinn-Tal

Schließlich erreichten wir die Drei-Flüsse-Stadt Gemünden am Main. Hier vereinigen sich die Sinn mit der fränkischen Saale, bevor sie in den Main fließen.

Bevor wir unsere heutige Unterkunft aufsuchten, wollten wir zunächst ein gemütliches Pausenplätzchen suchen. Das fand sich bei der Einfahrt in die Stadt sehr schnell: direkt am Ufer der Saale gelegen befand sich ein großer Abenteuerspielplatz mit einigen hübsch gelegenen Picknickbänken. Wie für uns gemacht. Die Kinder waren sofort Feuer und Flamme und von dem Klettergerüst nicht mehr runterzubekommen. Auch der Opa konnte sich nicht erwehren und dürfte das ein oder andere Mal die Tunnel-rutsche herunterrutschen. Sehr zum Vergnügen von Nils. Noch spannender war allerdings, als der Opa sein Fahrrad auf den Kopf stellte, um dem klappernden Geräusch auf den Grund zu gehen, das ihn auf der Fahrt hierher begleitet hatte. "Ich helfe dir, Opa" rief Nils eifrig und war direkt bei der Arbeit.

Ganz entspannt ging es am frühen Nachmittag zu unse-rer Pension. Auch hier hatten wir einen Volltreffer gelandet: Privat bei einer netten Familie hatten wir ein kleines Ap-partment mit zwei Zimmern und gemeinsamer Küche zur Verfügung. "Dann kann ich morgen wieder an deiner Tür klopfen, Opa!" kündigte Nils zufrieden an.

"So, nun müssen wir aber auch noch eine kleine Tour in die Altstadt machen!" Mit dem Fahrradanhänger als Kin-derwagen machten wir uns auf zu einer kleinen Stadtbe-sichtigung. Ganz nett war sie, die historische Altstadt mit ihren Sandsteinbauten, der netten Einkaufsstraße und der Burgruine Scherenburg. Allerdings war sie auch schnell be-sichtigt. Da lockte uns das Mainufer deutlich mehr. "Hier fahren wir morgen weiter, Nils" erklärte Opa Paul seinem Enkel. Den Nachmittag verbrachten wir gemütlich in einem etwas schäbigen Biergarten am Main, bis uns der Hunger wieder in die Altstadt lockte. Bei dem schönen Wetter wollten wir gern eine typisch fränkische Mahlzeit in der Außengastronomie genießen. Als wir schließlich einen geeigneten Platz vor einem Gasthaus gefunden hatten und alle ein Getränk vor sich stehen hatten, kam plötzlich ein enormer Platzregen vom Himmel und es kühlte sich deutlich ab. Unter der Markise blieben wir einigermaßen trocken, doch Nils war nicht einverstanden. "Ich will drinnen essen!" sagte er kläglich einige Male. Bei dem lauten Platschen des Regens hörte im ersten Moment niemand auf ihn. Schließlich rief er laut und deutlich: "Mama, ich will drinnen essen!" Erstaunt fielen wir in lautes Gelächter und verlagerten natürlich unseren Essplatz in die gute Stube. Ganz begeistert war das Personal nicht, dass nun zwei kleine Kinder hier Platz gefunden hatten. Das Essen ging aber einigermaßen entspannt vonstatten.

Der Fluch der Google-Navigation

30. Mai: Gemünden am Main - Heuchelhof
Etappe: 60,1km
Fahrtzeit: 3h 40min

Volker: Wie eine Fahrradautobahn führte uns heute der Main-Rad-Weg im Tal auf gut asphaltiertem Weg immer geradeaus am Fluss entlang. Auf der anderen Seite begleitete uns die gesamte Zeit die Eisenbahnlinie. Immer wieder kam uns mit großem Getöse ein Zug entgegen. Noch war das Tal recht eng, doch je weiter wir kamen, desto mehr weitete es sich und ohne große Steigungen fuhren wir langsam hinein in eine herrliche Weinbaulandschaft. Immer wieder passierten wir kleine Orte mit sehenswerten Burgen. Bald kam die Ruine Karlburg oberhalb von Karlstadt in Sicht. Als sei die Zeit im Mittelalter stehen geblieben, so präsentierten sich die Straßen und Gassen mit den historischen Gebäuden. Sehr schön restauriert waren die Fachwerkhäuser und fast jedes Haus trug seinen Familienheiligen zur Schau. Da die Kinder allerdings noch selig im Fahrradanhänger schlummerten und es auch noch recht früh am Tag war, entschieden wir uns gegen eine Mittagspause in Karlstad. Der Mainradweg führte uns nun der Landstraße folgend über die Mainbrücke auf die andere Mainuferseite. "Himmelstadt" wurde uns auf den

Wegweisern als nächster Ort angekündigt. "Wenn die Kinder älter wären, kämen wir wohl um eine Pause hier nicht herum." sagte Paul. "Was meinst du?" wunderte sich Volker. "Na, das weiß doch jeder, dass hier das Weihnachtspostamt ist!" rief Paul entrüstet. Wir lachten. Na klar, wo auch sonst als in Himmelstadt wäre man dem Weihnachtsmann näher? Mit den nichts-ahnenden Kindern traten wir also weiter in die Pedale. "Der angekündigte Regen scheint auszubleiben." meinte Volker. "Vielleicht finden wir einen gemütlichen Biergarten am Fluss für unsere Mittagspause." Je weiter wir Richtung Würzburg kamen, wurde unsere Erwartung leider nicht erfüllt. Zellingen, Erlabrun, Margetshöchsheim... Nirgends war eine geeignete Pausenstätte zu finden. In Zell am See fragten wir ein paar Passanten, die in ein Gespräch vertieft waren, nach einem Biergarten. "Wie lustig, dass Sie ausgerechnet jetzt danach fragen" lachte die Frau. "Gerade haben wir uns darüber unterhalten, dass hier ein netter Biergarten fehlt!" Also nicht! Enttäuscht fragten wir nach einer Alternative für unsere Pause. Die Kinder waren wach und braucht unbedingt Auslauf. "Hier gibt es nur die Bäckerei. Sie schließt allerdings bald." Wir machten uns also auf die Socken, um wenigstens vor Ladenschluss noch einen kleinen Imbiss zu erhalten. Tatsächlich hatten die netten Bäckerei-Verkäufer noch in paar warme

176

Fleischkäsebrötchen im Angebot. "Lass uns doch nach dem Essen den Rest der Pause auf dem Spielplatz verbringen, an dem wir eben vorbeigefahren sind." schlug Berit vor. "Ja, rutschen!" schrie Nils begeistert auf. Zu einem erneuten Einsteigen in den Fahrradanhänger ließ er sich allerdings nicht bewegen. "Ich will selber Fahrradfahren!" rief er überzeugt. Während wir Eltern noch nach Argumenten suchten, hatte Opa Paul seinen Enkel schon geschnappt und ihn gemütlich auf die Satteltaschen seines Fahrrads gesetzt. Stolz thronte der kleine Mann da oben, als sein Opa das Rad bis zum Spielplatz schob.

Bequemer Sitz auf Opas Fahrrad

Der Weg nach Würzburg war nun nicht mehr weit. Dort würde uns Paul leider verlassen. Schade - wir hatten uns alle an seine Begleitung gewöhnt und es in vollen Zügen genossen, ihn dabei zu haben. "Ich lade euch noch auf ein Eis ein." versprach er und die Kinder kletterten erwartungsvoll in den Anhänger. Würzburg erreichten wir über die alte Mainbrücke. Massenhaft Menschen war hier heute unterwegs. Kein Wunder. Gestern hatte hier das traditionelle Weindorf seine Tore eröffnet. In der Metropole des Frankenweins wird alljährlich der fränkische Wein und seine 1200-jährige Anbautradition gefeiert. Die vielen Weindorf-Gäste haben hier die Qual der Wahl zwischen über 100 fränkischen Weinen, erzeugt von rund 30 fränkischen Winzern. Und zwischen 100 verschiedenen Gerichten – vom fränkischen Klassiker bis zur überregionalen Spezialität.

Wir trieben mit unseren Rädern und dem gesamten Gepäck durch die Menschenmassen, die sich über die Mainbrücke in die Innenstadt und zurückschoben. "Kein Wunder, dass wir in Würzburg keine Unterkunft gefunden haben." sagte ich mit großen Augen. "Bei den Menschenmassen hier, kann man sich vorstellen, dass alles ausgebucht ist." Tatsächlich hatten wir nur ein paar Kilometer südlich von Würzburg in Heuchelhof eine passende Übernachtungsgelegenheit bekommen. Wir würden nach dem

Abschied von meinem Vater noch zirka sieben Kilometer weiter radeln müssen bis zu einem Landgasthof.

Nach einigem Hin- und Her war jedenfalls eine passende Eisdiele für uns fünf aufgetrieben und wir genossen die letzte Stunde mit Opa Paul. "Opa fährt jetzt mit der Eisenbahn, die wir auf dem Fahrradweg immer wieder gesehen haben!" erklärten wir Nils. Nicht gerade begeistert, aber doch fasziniert winkte er seinem Opa hinterher, als er sich schließlich Richtung Bahnhof auf den Sattel schwang. "Fährst du wieder zum gelben Haus?" "Genau" antwortete Paul. "Die Oma wartet doch auf mich. Ich muss auch mal nachschauen, ob deine Küche noch da ist." Mit der Antwort zufrieden, konnten wir auch unsere restliche Strecke fortsetzen. Eine Sightseeing-Tour in Würzburg würden wir ein anderes Mal machen müssen. Einen kleinen Eindruck bekamen wir bei der Fahrt durch die Altstadt. Bei den Menschenmengen war das jedoch alles andere als entspannt. Wunderschön und faszinierend leuchtete die Festung Marienberg auf der anderen Mainuferseite in den Weinbergen. Wir folgten dem Main gen Süd und überquerten kurz hinter der Altstadt erneut den Fluss. "Laut Google sind es nur fünf Kilometer bis zum Ziel - nur eine halbe Stunde" erklärte Berit. "Wir folgen am besten der Navigation." Die kurze Strecke, die Google auf seiner Karte anzeigte, sah vielversprechend kurz aus. "Wie praktisch, dass Google inzwischen die Option `Fahrrad´ in seiner Navigation hat" freuten wir uns. Was wir allerdings nicht bedacht hatten, war, dass die Streckenführung nicht unbedingt anhängergeeignet war. Die angegebene Strecke führte zunächst idyllisch durch ein kleines Tal entlang des Heuchelbaches. Allerdings bestand die angegebene Abbiegung zu unserem Gasthof aus einem immens steilen Schotterweg, der mitten in einen Wald führte. "Keine Chance!" stöhnte Volker. "Hier kommen wir mit den Rädern und Anhänger niemals rauf. Es blieb uns also nichts anderes übrig, als einen riesigen Umweg um den gesamten Heuchelberg zu fahren. Nach unserer bisher längsten Etappe von über 60 Kilometern kamen wir endlich mit wackeligen Beinen und weinenden Kindern am Landgasthof an. "Nie wieder Google-Navigation!" waren wir uns einig. Wenigstens hatten wir ein großes Zimmer. Johanna krabbelte vergnügt über den langen Flur und übte das Hochziehen am Fahrradanhänger, den wir dort geparkt hatten. Da wir den Kindern kein langweiliges Abendessen im Restaurant zumuten wollten, nutzte Volker den großen Innenhof, um den Campingkocher aufzubauen. Eine große Portion Nudeln war die Belohnung für uns alle nach dem anstrengenden Tag.

Königsetappe

31. Mai: Heuchelhof - Rotenburg an der Tauber
Tagesetappe 70,9km
Fahrtzeit 4h 32min

Berit: Mittags kam es Nils plötzlich in den Sinn: "Mama, ich habe gar nicht an Opas Tür geklopft!" "Was meinst du? Heute morgen?" fragte ich ihn. "Ja bei der Jugendherberge!". Dass der Opa ein paar Tage mitgefahren war, war für Nils ein echtes Highlight. Es war so schön für ihn, dass er abends vorm Einschlafen noch müde erzählte: "das war schön heute - Fahrradfahren mit Opa!". Der hatte uns am Vortag leider schon wieder verlassen. Heute hieß es nach dem Frühstück wie jeden Morgen Taschen packen, Räder rausholen, Anhänger dranmachen und beladen. Dabei gleichzeitig die beiden Kinder beaufsichtigen, die Zähne putzen, Windeln ein letztes Mal wechseln und selbst auch fertig werden, um auf die Räder zu steigen. Aber in dem Ablauf waren wir inzwischen ein eingespieltes Team und wir waren pünktlich um halb 10 startklar. Die Chefin des Gasthofs war selbst passionierte Rennradfahrerin und erklärte uns den Weg hinunter zum Main.

Bei der Abfahrt wurden wir allerdings noch einmal aufgehalten. Eine Gruppe von Rentnern stand am Eingang und

181

bewunderte nicht nur unsere Familie, sondern auch unsere Tour. Gar nicht glauben konnten sie es, dass so eine Tour mit zwei Kindern möglich war. Einer der Herren zückte direkt seine Videokamera und filmte unsere Abfahrt.

Den Weg zum Main fanden wir über Umwege und wurden in der hügeligen Landschaft oberhalb des Flusses schon mal warm gemacht für die anstehende Etappe. Bis Ochsenfurt folgten wir dem Fluss, um dann in Richtung Taubertal abzubiegen. So richtige Gedanken über die heutige Etappe hatten wir uns nicht gemacht. Wir waren uns einig, den kürzesten Weg zu nehmen, da eine lange Strecke anstand. Gut 50 Kilometer hatten wir uns ausgerechnet. Aber da wir nicht wussten, wieviel Höhenmeter auf uns zukamen, wollten wir so viele Kilometer wie möglich am Vormittag schaffen, in der Zeit, in der die Kinder sicher im Anhänger schliefen. Ein Radweg Richtung Bieberehren an der Tauber war ausgezeichnet. "Das ist schon mal die richtige Richtung!" vermuteten wir und folgten diesem Weg. Er führte wunderschön durch den Wald und über Wiesen und Felder. Immer leicht ansteigend, jedoch im mäßigen Tempo gut machbar. "Gut, dass wir schon so trainiert sind!" meinte Volker. In der ersten Woche hätten wir hier furchtbar geflucht. Seine Beine waren ihm heute allerdings nicht treu. Er merkte schmerzhaft die Muskelverkürzungen auf der

Innenseite der Oberschenkel und hatte richtig zu kämpfen. Zu allem Überfluss wurden die Kinder wach und quengelig. "Ich will raus!" tönte es von Nils Seite. "Ich will auf einen Spielplatz!" Eine Weile konnten wir ihn mit Kinderliedern bei Laune halten. Da machte sich abermals der gute Trainingsstand bezahlt. Denn singend den Berg hochzufahren, erfordert dann doch einiges an Puste!

Als das Singen auch nicht mehr half, schauten wir uns tatsächlich nach einem geeigneten Pausenplatz um. Weit und breit jedoch kein Spielplatz in Sicht. "Nils, ich glaube hier gibt es keinen Spielplatz!" meinte Volker. "Kannst du vielleicht einen herzaubern?" Jetzt war Nils mit Zaubern beschäftigt, was uns noch etwas Zeit verlieh, eine Gelegenheit zum Einkehren zu finden. Über die Google-Navigation war uns ein kürzerer Weg nach Rothenburg angezeigt worden, der nicht durch das Taubertal führte. Wir versuchten dem Weg über die Feldwege zu folgen, als uns ein Pärchen entgegenkam. "Wenn ihr hier weiterfahrt, kriegt ihr Probleme. Das wird nur noch ein matschiger Feldweg." Diese Informationen bot das Google-App natürlich nicht und wir folgten dankbar ihrer Wegbeschreibung. "Am besten bleibt ihr auf dem Gaubahn-Radweg. Der führt euch über Creglingen nach Rothenburg. Die Wege über die Landstraße sind nicht schön zu fahren und sehr hügelig." Als folgten wir dem ursprünglichen Radweg. Im nächsten Ort fanden wir ein Hinweisschild zu einer Gaststätte. Sofort bogen wir ab und fuhren in den Ortskern von Baldershausen. Der "Gasthof zum Lamm" sah zwar auf den ersten Blick nicht so aus, als hätte er geöffnet, aber wir hielten auf jeden Fall an. Die Kinder brauchten eine Pause und alle etwas zu essen und zu trinken. Und wenn es nur im Hof des geschlossenen Gasthofs war. Probehalber öffneten wir die Tür zur Gaststätte und siehe da: sie war doch geöffnet. Eine sehr schlichte altbackene Einrichtung eröffnete sich uns. Hinter der Theke stand tatsächlich eine Frau im mittleren Alter und einzeln am Tisch ein alter Mann, der genüsslich eine Portion Braten mit Spätzlen aß. "Egal!" entschieden wir. Auch wenn es hier nicht sehr einladend wirkte - etwas zu essen und zu trinken würden wir bekommen. Johanna konnte ein wenig herumkrabbeln und Nils freute sich über seine kleine Apfelschorle mit Strohhalm. Die Karte gab leider nicht viel her, so dass es für Nils und Volker eine große Portion Pommes mit Currywurst gab und für mich einen Wurstsalat. Wir wurden aber überrascht. Beides war frisch und schmackhaft zubereitet.

Volker war noch draußen bei den Rädern beschäftigt, als Nils auf einmal verkündete: "Mama, meine Hose ist nass!" - "hast du mit der Apfelschorle gekleckert?". "Nein, das ist vom Pipi!" So war es auch. Der ganze kleine Kerl war nass von oben bis unten. Die Pampers war eindeutig gesprengt worden. Als ich rausging, um Volker Bescheid zu geben, dass er Wechselklamotten für Nils mitbringen solle, war er gerade mit einer Gruppe Radfahrern ins Gespräch vertieft.

Begeistert kam er zu uns herüber: "die Familie da draußen hat auf ihrer Sonntagstour Pech gehabt. Einer der Jungs hat einen Platten." Was für ein Glück, dass sie uns getroffen hatten. Bestens ausgerüstet bekamen sie von uns Flickzeug und die Luftpumpe. "Die sind total dankbar." strahlte Volker. "Als sie unsere Fahne mit dem DKMS-Logo gesehen haben, kamen wir ins Gespräch über unsere Tour. Als Dankeschön für die Hilfe wollen sie jetzt 20 Euro spenden."

Den Schein hatte der schon in der Hand. Im Zeitalter des mobilen Internets konnten wir den Betrag auch direkt online überweisen. Es wurde eine schöne gemeinsame Stunde in dem Gasthaus. Die Familie hatte auch zwei kleine Mädchen dabei im Alter von 2 und 4 Jahren. Unsere Kinder freuten sich über die anderen Kinder und wir kamen ins Plaudern über die Strecke nach Rothenburg. "Seht nur zu, dass ihr nicht ins Taubertal hinab fahrt. Da wird es schön sportlich!" meinte der Vater. Auf einer Karte, die praktischerweise im Gasthaus auslag, zeigte er uns den Weg über die Landstraße und die Dörfer. "Fahrt besser hier oben auf dem Plateau. Da habt ihr weniger mit den Steigungen zu tun." Gut zu wissen, denn der eigentliche Weg, den uns das vorherige Paar beschrieben hatte, hätte uns direkt ins Taubertal geführt. "Das geht da teilweise ganz schön steil, da könntet ihr Probleme mit den Anhängern bekommen.". Die Kinder hatten schon beim Einsteigen eigentlich keine Lust, weiterzufahren und nur die Aussicht auf einen Spielplatz konnte Nils dazu bewegen, sich in den Anhänger zu setzen. Also fuhren wir weiter. Etwas im Zickzackkurs, den Landstraßen folgend, über einen Hügel in die nächste Senke. Einen ganz direkten Weg gab es leider nicht, so dass wir insgesamt ganz schön viele Kilometer hinter uns ließen. Jedes Mal, wenn ein Anstieg geschafft war folgte die nächste Senke. Die ganzen Höhenmeter waren wieder verloren und mussten beim nächsten Anstieg wieder gewonnen werden. "Wahrscheinlich trotzdem besser als im Tal!" hofften wir. Landschaftlich war es wunderschön. Auf dem Plateau lud der Weitblick zum Schweifen in die Ferne ein. Rings herum nur Felder, kleine Wäldchen und kleine Dörfer aus denen manchmal ein schmucker Zwiebelturm herausragte. Kilometer um Kilometer legten wir zurück bis schließlich die Ausschilderung nach Rothenburg ob der Tauber erschien. "Nur noch 15 Kilometer!" freuten wir uns. Über 50 Kilometer steckten uns auch schon in den Knochen. "Bis zur

Jugendherberge werden wir es wohl nicht schaffen." überlegten wir. "Wahrscheinlich müssen wir vorher noch eine Pause für die Kinder einlegen, wenn ein netter Spielplatz kommt." Und tatsächlich. 10 Kilometer vor dem Ziel hatte Johanna keine Lust mehr. Es ging auf 15 Uhr zu und es war Zeit für eine kleine Zwischenmahlzeit für sie. Was allerdings fehlte war der Spielplatz. Wir kamen durch kleine Ortschaften, die eher eine Ansammlung von Höfen waren. Spielplätze brauchten die Kinder, die hier wohnten, anscheinend nicht. 7 Kilometer vorm Ziel war Johanna wieder ruhiger und wir dachten, dass wir es vielleicht doch schaffen könnten. 5 Kilometer vor Rothenburg hielt Volker dann an. "Schluss! Die Kleine macht nicht mehr mit!". Also musste die Wiese am Straßenrand als Pausenplatz herhalten. Und das passte auch. Nach Banane und Schokokeksen und einem großen Schluck zu trinken, ging es uns allen wieder besser. Johanna war sowieso zufrieden, weil sie sich bewegen konnte, und für Nils hatte Volker seine Straßenkreide herausgeholt. Von da an war er damit beschäftigt die umliegenden Steine und Kanaldeckel mit Farbe zu verzieren.

Kurz nach 16 Uhr konnten wir die Kinder wieder dazu ermutigen für die letzten Kilometer in den Anhänger zu steigen. Rothenburg schon in Sichtweite quälten wir uns noch durch ein paar Senken, bis wir schließlich die Stadttore der Altstadt erreichten. Wunderschön durch das mittelalterliche Städtchen rollten wir über das Kopfsteinpflaster zur Jugendherberge. Auch sie war toll in einem mittelalterlichen Haus untergebracht.

Glücklich, endlich angekommen zu sein, genossen wir eine Dusche, das leckere Abendessen und ein kühles Bierchen. Über eins waren wir uns einig: Dies war heute die Königsetappe und sollte es auch bleiben. Wir hatten uns verkalkuliert und waren eindeutig zu lange gefahren. Die weiteren Etappen würden bei weitem kürzer ausfallen!

Der Meistertrunk

1. Juni:
Rothenburg ob der Tauber - Rissmannschallbach
Etappe: 36,8 km
Fahrtzeit: 2h 40min

Berit: "Sollen wir nicht einen Tag länger hierbleiben?" Mit den Worten kam Volker aus der Dusche, nachdem wir in Rothenburg unser Zimmer in der Jugendherberge bezogen hatten. Verständlich, denn bereits bei der Einfahrt in die Altstadt waren wir überwältigt von den wunderschönen Fachwerkhäusern, den mittelalterlichen Stadttoren und der beeindruckenden Stadtmauer. Hier nur den Abend in der Jugendherberge zu verbringen und von der Stadt nicht wirklich etwas mitzubekommen, war einfach zu schade. Kurz überlegten wir, ob wir die nächste Unterkunft um einen Tag verschieben sollten. "Den Kindern wird aber der Ruhetag auf dem Bauernhof guttun. Da müssen wir uns in erster Linie nach ihnen richten." Da die morgige Tour in die Nähe von Feuchtwangen eine kurze Etappe werden würde, entschieden wir, den Vormittag noch in Rothenburg zu verbringen und erst zur Mittagsschlafenszeit der Kinder aufzubrechen.

Nach einem reichhaltigen Frühstück in der Jugendherberge (endlich wieder frische Brötchen und ganz viel Obst) packten wir unsere Sachen, räumten das Zimmer und verstauten unser Gepäck in den Schließfächern der Jugendherberge. So konnten wir völlig entspannt zu einem kleinen Stadtspaziergang aufbrechen.

Wir wunderten uns nicht, warum jährlich so viele Millionen Menschen von dieser hübschen mittelalterlichen angezogen werden. Die Burg aus dem 12. Jahrhundert steht heute noch und ist in einem sehr guten Zustand. Die begehbare Stadtmauer schließt den Stadtkern noch vollständig ein. Wo findet man das sonst in einer deutschen Stadt? "Wie kommt es, dass die Stadt noch so gut erhalten ist?" hatten wir unseren Herbergsvater am Morgen gefragt. "Von 1274 bis 1803 war Rothenburg eine Reichsstadt. Nach der Belagerung 1631 während des Dreißigjährigen Krieges verlor die Stadt stark an Bedeutung. Sie entwickelte sich daher nur noch allmählich weiter, wodurch das alte Stadtbild überwiegend erhalten blieb. Rothenburg galt bereits vor dem Zweiten Weltkrieg als bedeutender Zielort des Tourismus in Deutschland. Nach Zerstörungen im Zweiten Weltkrieg wurden die meisten Bauten originalgetreu wiederaufgebaut. Seit Jahrhunderten lockt das Städtchen mit seiner Gastfreundschaft die Prominenz in das Innere seiner Stadtmauern. Waren es früher Kaiser und Könige, so kommen heute Politiker oder aber sogar Stars aus der ganzen Welt."

"Es ist wirklich eine besondere Stadt!" waren wir uns einig. "Hier kriegt man richtig Lust, durch die Straßen zu schlendern, in einem der vielen Straßencafés zu verweilen und diese romantische Atmosphäre zu genießen." schwärmten wir.

"Ich will auf der Mauer laufen!" rief Nils. Die halbe Altstadt umrundeten Nils und Volker auf der Stadtmauer, wobei Nils am meisten von den Durchgängen durch die Türme begeistert war. Die komplett erhaltene und auf beinahe 4 Kilometern begehbare überdachte Stadtmauer ist gespickt mit Türmen und Toren. Will man sie ganz umrunden ist man zu Fuß beinah zwei Stunden unterwegs Die Stadtmauer war für die Verteidigung Rothenburgs von großer Bedeutung, teilweise schützten Toranlagen von bis zu sieben hintereinander gelagerten Toren die Stadt vor unliebsamen Eindringlingen! Während des Spazierganges bieten sich immer wieder wunderschöne Aussichten auf die Altstadt und einige ihrer wichtigsten Gebäude oder hinab in das malerische Taubertal. Die alten Wehrgänge strahlten auch heute noch eine einzigartige historische Atmosphäre aus. Das Nächste, was Nils nachhaltig beeindruckte, war die Müllabfuhr, die sich gerade in Millimeterarbeit durch die alten Gässchen zwängte. "Papa, Papa! Die Müllabfuhr fährt rückwärts!" rief der Kleine aufgeregt, während Volker gerade die bunten Fachwerkhäuschen bestaunte.

Das kommende Highlight für die Kinder war dann der Abenteuerspielplatz vor der Stadtmauer. "Da habe ich aber einen guten Spielplatz gezaubert!" verkündete Nils stolz in Erinnerung an den letzten Tag, wo er verzweifelt im Anhänger zauberte um einen Spielplatz für die Pause herbeizuführen. Während er vergnügt rutschte, kletterte Johanna zielstrebig in der unteren Etage des Klettergerüstes herum.

Auf dem Spielplatz kamen wir mit einer anderen Mutter ins Gespräch, die auf unsere Fahne am Kinderanhänger aufmerksam wurde. "Toll was ihr macht!" staunte sie. Sie selbst sei erst vor kurzem nach Rothenburg gezogen. "Mein Freund ist hier Stadtführer und macht unter anderem auch Nachtführungen." Die unterschiedlichsten Leute kämen hier in zu Besuch in die Stadt, mit den unterschiedlichsten Nationalitäten. "Gestern zum Beispiel hat er den Frauenchor der Aborigines durch die Stadt geführt!" lachte sie. "Wusstet ihr zum Beispiel, dass in der Geschichte Rothenburgs der Wein tatsächlich eine tragende Rolle spielt?" Wir schütteln nur mit dem Kopf und warteten gespannt auf ihre Erzählung. "Zumindest mal, wenn man der Anekdote glaubt, die Jahr für Jahr im „Meistertrunk" zur Aufführung kommt." erläuterte sie. "Das ist ein Schauspiel, dass hier jedes Jahr aufgeführt und bei den Bewohnern Rothenburgs sehr beliebt ist. Also: Der katholische Feldherr Tilly wollte die Stadt im Dreißigjährigen Krieg brandschatzen lassen. Die Ratsherren hatte er zum Tode verurteilt. In ihrer Not boten ihm die Ratsherren als Willkommenstrunk Wein in einem prachtvollen bunten Glasbecher dar, der 3 1/4 Liter fasste. Tilly wurde dadurch milde gestimmt und sagte, wenn jemand diesen Becher voll Wein in einem Zuge austrinken könne, würde er die Stadt verschonen. Der Altbürgermeister meldete sich freiwillig und zu jedermanns Erstaunen gelang es ihm, den Becher in einem Zug zu leeren. Tilly war davon so beeindruckt, dass er die Stadt verschonte."

"Es gibt keine historischen Belege dafür, dass der Feldherr Tilly die eroberte Stadt betreten hat." fügte die Mutter hinzu. "Aber es ist eine nette Geschichte. Ohne den Wein, würde es das Städtchen so also nicht mehr geben" lachten wir.

Zum Mittagessen gingen wir zurück in die Jugendherberge, wo wir noch einmal die Gelegenheit hatten, mit dem Herbergsvater ein paar Worte zu wechseln. "Ich habe vor acht Wochen die Leitung hier übernommen und bin total glücklich!" erzählte er uns. "Das ist genau das, was ich immer machen wollte." Das merkte man auch. Nicht nur das

Essen wurde immer frisch gekocht. In den alten Gemäuern einer alten Mühle hatte die Herberge ein ganz besonderes Flair. Auch er war angetan von unserer Reise und gab uns eine ganze Tüte mit Gummibärchen für Nils mit auf den Weg, als er davon hörte, dass Nils bei der Ankunft in der Jugendherberge immer ein kleines Päckchen Gummibärchen essen durfte.

Nun wurde es aber auch Zeit, aufzubrechen. Die Kinder wurden quengelig und müde. Der Weg führte aus Rothenburg hinaus, zunächst ein wenig hügelig und in Tendenz bergab durch die weitgehend unverbaute, ursprüngliche Landschaft des Taubertals. "Nach der Tour von gestern kann uns nichts mehr schocken!" waren wir sicher. "Da schaffen wir den heutigen Weg mit links!" Aber irgendwie lag uns die Anstrengung von gestern noch ganz schön in den Knochen, was wir bei den zunehmenden Bergauf-Passagen feststellen mussten. "Dort oben liegt Schillingsfürst!" rief Volker auf einmal. "Da müssen wir durch!" "Verdammt!" stöhnte ich. "Das ist aber ganz schön hoch!" Und tatsächlich! Die Landstraße, auf der wir unterwegs waren, schlängelte sich zunehmend steiler werdend nach oben in Richtung Kirche. Kurz vor Erreichen war die Motivation und die Kraft am Ende und wir mussten schieben. Keuchend erreichten wir den Ortskern, von dem es dann ebenso steil wieder bergab ging. Weiter ging es genauso bergauf und bergab, wie wir es auf der Strecke von Würzburg erlebt hatten und die Etappe zerrte ganz schön an unseren Kräften. "Nur noch acht Kilometer bis Feuchtwangen!" wies uns ein Hinweisschild den Weg. "Denk dran, dass wir nicht nach Feuchtwangen reinfahren müssen. Unser Bauernhof liegt vier Kilometer westlich von Feuchtwangen." erinnerte ich Volker. Wieder einmal befragten wir die Google-App nach dem kürzesten Weg, obwohl wir uns in Würzburg vorgenommen hatten, nicht mehr auf Vorschläge für Fahrradwege von Google zu vertrauen. Wenn man aber ausgepowert mit ungeduldigen Kindern kurz vor dem Ziel ist, will man dann doch gerne jede Abkürzung nehmen, die sich einem bietet. Zudem zog sich der Himmel bedrohlich dunkel zusammen und kündigte Regen an. Nichtsdestotrotz hielten wir auf der nächstbesten Wiese noch einmal an und gönnten uns und den Kindern eine kleine Pause. Einerseits waren wir uns mit der Wegführung noch unsicher, andererseits war auch bei den Kindern der Ofen aus. Da halfen jetzt die Picknickdecke und eine Runde Schokokekse für alle, um die Stimmung wieder zu heben.

Nach einigem Hin und Her, dem ein oder anderen Blick zum Himmel beschlossen wir, nochmals auf Google zu vertrauen und den kleinen Weg in den Wald hineinzunehmen, der uns direkt nach Rissmannschallbach führen sollte. Dieser Schotterweg wurde allerdings immer steiler, so dass es bald unmöglich wurde, ihn zu befahren. Die Fahrräder mitsamt Anhänger hochzuschieben war jedoch nicht minder schwierig. Volker hatte das Ende der Steigung fast erreicht, als mir das Rad wegrutschte und sich mit dem Anhänger verkeilte. Mit alleiniger Kraft schaffte ich es nicht, das Rad wieder aufzurichten und weiter den Berg hochzuschieben. Volker musste oben sein Rad und die Kinder im Anhänger abstellen und mir zu Hilfe eilen. "Jetzt kannst du nicht mehr behaupten, du hättest dein Rad und das Gepäck den ganzen Weg allein durch Deutschland gebracht!" frotzelte er augenzwinkernd, während er mein Fahrrad hochwuchtete und die Steigung hinaufschob.

Als dieses Hindernis überwunden war, folgten wir der weiteren Wegbeschreibung wieder in das nächste Tal steil hinunter. "Ich hoffe, der Weg stimmt! Da will ich nicht wieder zurückfahren!" ächzte Volker. Kurz darauf standen wir unten im Tal in einer Sackgasse. "Das darf doch nicht wahr sein! Das war das letzte Mal, dass wir diese verdammte App verwenden!" Zu allem Überfluss sprang noch beim Berganfahren die Kette von meinem Rad ab. Zum Glück schaffte ich es, sie wieder aufzuziehen, ohne den Anhänger und das Gepäck abzuladen. Beim frustrierenden Bergauf-fahren sahen wir aber glücklicherweise, dass wir eine Ab-zweigung übersehen hatten, die durch ein Waldfahrzeug zugestellt war. Hier gab es tatsächlich den richtigen Weg. Auch dieser führte immer wieder steil bergauf, aber immer-hin zu unserem Ziel: Das Dorf Rissmannschallbach bestand eher aus einer Ansammlung einiger Höfe und Häuser und lag einsam oben auf dem Berg umringt von Wiesen und Wäldern.

Auf dem Ferienhof wurden wir direkt herzlich empfan-gen. "Wenn ich gewusst hätte, dass Sie mit den Fahrrädern kommen, hätte ich Ihnen abgeraten, hierhin zufahren." staunte die Tochter der Hausbesitzer. "Egal aus welcher Richtung Sie kommen! Sie müssen immer bergauf!"

Zwar war der Hof nicht ganz so ausgestattet, wie wir ihn uns vorgestellt hatten, aber die Ferienwohnung war sehr geräumig und gemütlich. "Ein guter Ort, um uns einen Tag auszuspannen." Leider gab es außer Katzen keine Tiere mehr. Auf das Kaninchenfüttern musste Nils also verzich-ten, obwohl er sich darauf am meisten gefreut hatte. Die Enttäuschung war allerdings schnell verflogen als er den Fuhrpark an Tretautos und -traktoren sah und Rutsche und Trampolin in Augenschein genommen hatte. Den ganzen Abend ließ er sich auf dem kleinen Trettraktor über den Hof schieben, da er es noch nicht schaffte, selbst die Pedale zu treten. Dafür fehlte ihm noch die Kraft. An leicht bergab führenden Stellen funktionierte es aber schon ganz gut - das Prinzip hatte er immerhin verstanden. Als er dann noch den Anhänger für den Traktor entdeckte, schwebte er völlig im siebten Himmel.

Unser Abend wurde noch von einem Überraschungsgast gekrönt. Meine Schwester Dörte, die zurzeit in Westafrika mit ihrer Familie lebte, war beruflich ein paar Tage in Heidelberg. Verglichen mit der sonstigen Entfernung, die wir zwischen uns haben, war eine zweistündige Autofahrt ein Katzensprung, um uns zu treffen. Nach einigen Navigationshilfen per Handy fuhr sie am späten Abend schließlich auf den Hof. Was war das für ein Hallo! Schließlich hatten wir uns vor Monaten das letzte Mal gesehen, als ich sie in Afrika besucht hatte. Ihr Patenkind Johanna hatte Dörte seit Weihnachten nicht mehr getroffen. Zum Glück war die Kleine noch wach, auch wenn sie unseren Überraschungsgast zunächst misstrauisch beäugte.

Nach einem gemütlichen Abend mit vielen Erzählungen, richteten wir Dörte ein gemütliches Gästebett auf der Couch im Wohnzimmer ein und fielen müde ins Bett. "Schade, dass ich nicht mehr Zeit habe" bedauerte Dörte beim Frühstück am nächsten Morgen. "Ich habe richtig Lust bekommen, euch für ein paar Tage zu begleiten!" Für sie hieß es allerdings, rasch wieder aufzubrechen. Noch am Vormittag musste sie wieder in Heidelberg sein.

Frau Birners rasante Traktorfahrt

2. Juni: Ruhetag

Volker: "Komm wir fahren Traktor!!" rief Nils außer sich, als wir mit dem Frühstück fertig waren. Er freute sich wahnsinnig auf die Trettraktoren auf dem Hof und war morgens schon völlig aus dem Häuschen. Die Bauersfrau Frau Birner war gerade in ihrem Garten unterwegs. "Wenn der Junge mal einen richtigen Traktor fahren will, sagt ihr Bescheid, ja?" bot sie an. Nils nickte begeistert! "Aber nur mit dir Mama..." fügte er vorsichtig hinzu und versteckte sich hinter Berits Rücken. "Na, ihr könnt alle mitfahren!" Rief Frau Birner. "Wir müssen nur warten, bis mein Mann kommt, der ist noch unterwegs." Klar konnten wir warten und machten uns auf den Weg zum Trampolin. "Wartet mal!" rief Frau Birner da. "Der Papa muss mir nur helfen, die Scheunentür zu öffnen, dann können wir auch jetzt schon los."

Entschlossen stapfte die doch schon recht betagte Dame in Richtung Scheune. Verwundert folgten wir ihr und ich half ihr natürlich bereitwillig, die große Scheunentür aufzustemmen, die ziemlich klemmte. Zum Vorschein kam ein Traktor, der auf dem Motorblock vorne mit einer Ladefläche versehen war. "Ihr sitzt hier vorne." zeigte Frau Birner.

200

Brav kletterten wir vier auf den Traktor und sie verschloss den vorderen Riegel. "Dann kann´s losgehen!" Rief sie und kletterte auf den Fahrersitz. Mit lautem Getöse startete sie den Motor und schon ging unsere Fahrt los. Quer über Feldwege und durch den Wald steuerte die alte Frau in einem ziemlichen Tempo den Traktor. Nils strahlte, während sich Johanna ängstlich an uns klammerte. Berit nahm sie sicher in den Arm und hielt die Ohren zu, um sie vor Wind und Lärm zu schützen.

Rasante Traktorfahrt

Es war die lustigste Traktorfahrt, die wir bisher erlebt hatten. Die rüstige Bäuerin wirkte wild entschlossen, uns die gesamte Umgebung zu zeigen. Immer wieder rief sie

201

uns zu, wenn es etwas Interessantes zu sehen gab. Als wir schließlich wieder auf dem Hof ankamen, waren wir alle ganz schön durchgeschüttelt. Johanna hatte auf jeden Fall genug. Sie brauchte erstmal einen ordentlichen Mittagsschlaf und wir gingen uns alle in der Wohnung ein wenig ausruhen.

Den Nachmittag verbrachten wir entspannt auf dem Hof und bei einem Spaziergang mit dem Bollerwagen durch das Dorf. Hier gab es bis auf ein paar andere Milchbauernhöfe schöne Landschaft mit seinen hügeligen Wiesen und Feldern zu sehen.

Am Nachmittag kamen wir mit Frau Birner wieder ins Gespräch. „Wissen Sie, der Hof ist seit Langem in Familienbesitz" erklärte sie mir. „Das kann man bis ins 17. Jahrhundert nachverfolgen." Sie ging ins Haus und kam mit einem Blatt Papier zurück. „Das ist eine Urkunde von Hitler über die arische Abstammung der Familie!"

Hier habe sich viel verändert auf dem Hof, erzählte sie. „Das Leben ist aber auch leichter geworden!" Sie habe noch miterlebt, wie der Strom zum Hof kam. „Damals gab es auch noch kein fließendes Wasser. Das mussten wir täglich vom Brunnen holen." Früher war der Hof ein Betrieb mit Kühen und Schweinen. „Die Zucht von den Milchkühen und Schweinen hat sich dann aber lange nicht mehr gelohnt. Mein Mann musste nebenbei auf dem Bau arbeiten, um unser Einkommen zu sichern." Als er in Frührente ging, hatten sie beschlossen, Ferienwohnungen einzurichten. „Die Investition wurden damals vom Land bezuschusst." Erzählte sie. „Die Milchkühe haben wir abgeschafft und nur noch Jungbullen gehalten. Die sind leichter zu halten, da sie nicht gemolken werden müssen. Auch muss man sie weniger beaufsichtigen als kalbende Kühe. Inzwischen hat allerdings unsere Tochter die Rinder übernommen. Das lohnt sich in unserem kleinen Betrieb nicht mehr. Die Tochter baut ihre Milchwirtschaft mit ihrem Mann zusammen weiter aus. Sie haben gerade eine neue moderne Melkmaschine angeschafft."

Fieber

3. Juni: Ruhetag

Berit: Als Johanna nachts glühend heiß aufwachte, war schon eins klar: die geplante Etappe nach Dinkelsbühl würde so nicht stattfinden. Mit 39°C Fieber würden wir unsere Tochter nicht in den Fahrradanhänger setzen. Schon gar nicht, wenn unklar war, was sie hatte. Bei ihrer Vorgeschichte mit der Nierenbeckenentzündung läuten bei uns bei jedem Fieber die Alarmglocken.

Familie Birner hatte uns schon vorher angeboten, dass wir länger willkommen wären, wenn wir noch dableiben wollten. Also entschieden wir uns zunächst dafür, hier zu verlängern und dann eine Taxifahrt nach Feuchtwangen zu organisieren. Dort könnten wir mit Johanna zum Kinderarzt gehen. „Die nette Frau, die mich gestern nach dem Einkaufen hier hochgefahren hat, hat sicher keinen Kindersitz!" überlegte ich. Das war eher ein Ein-Mann-Betrieb. Wir telefonierten die beiden anderen Taxiunternehmen im Ort durch und wurden enttäuscht. Schließlich rief ich doch die nette Dame vom Vortag an. „Sicher haben wir einen Kindersitz! Den muss ich nur von zuhause holen. Wissen Sie, wir haben doch auch einen Haufen Enkelkinder!" So kamen wir problemlos zum örtlichen Kinderarzt, wo wir allerdings feststellen mussten, dass dieser in Urlaub war. „Vertretung übernehmen die Kinderärzte in Dinkelsbühl!" stand auf dem Schild an der Tür zu lesen. „ach wissen Sie, ich fahre Sie zum Hausarzt hier im Ort" schlug die Taxifahrerin vor. „Da fahren wir mit meinen Enkelkindern auch immer hin, wenn der Kinderarzt nicht da ist." Bei so viel Freundlichkeit fühlte man sich richtig gut aufgehoben. Der Hausarzt nahm sich tatsächlich unser an und konnte uns beruhigen, dass es sich weder um eine Blasen- noch um eine Mittelohrentzündung handelte. „Ruhe und viel Trinken" war die Devise, mit der wir dann wieder auf dem Hof ankamen. Dort zeigte sich, dass Nils und Volker keineswegs einen langweiligen Vormittag verbracht hatten: Bei Brezeln, Apfelsaft und Sekt saßen sie munter mit unseren Vermietern und Freunden von ihnen zusammen am Tisch im Hof und plauderten fröhlich.

„Nils hat zwei große Brezeln gegessen!" erzählten sie lachend. Die Freunde von Familie Birner heißen Uli und Johanna und sind auch schon im wohlverdienten Ruhestand. Wir verstanden uns direkt prima, die beiden waren mir direkt sympathisch. Uli erzählte, dass er in der Forstwirtschaft gearbeitet hatte und mit 58 Jahren in Rente gehen konnte. „Das habe ich sofort gemacht, das ist wahre Lebensqualität" sage er. Die beiden waren von Füssen gerade erst hierhergezogen. „Wieso zieht man freiwillig aus dem Allgäu weg?" fragte Volker ungläubig. „Wir träumen immer davon, irgendwann einmal ins Allgäu zu ziehen!". „Ach weißt du…" sagte Uli „zum einem der viele Schnee! Wenn du fast fünf Monate lang jeden Tag Schnee schippen musst – und ich meine nicht ein wenig, sondern mindestens einen Meter hoch – dann verliert der Schnee an Romantik. Ich bin selbst zwar Skifahrer, aber im Winter ist es schon hart dort zu leben. In Füssen sind auch viel zu viele Touristen! Die Straßen sind immer verstopft und die einheimischen Leute sind alle satt. Viele haben so viel Geld verdient, dass sie gar keinen Spaß mehr an ihrer Gastwirtschaft oder ihren Ferienwohnungen haben. Es herrscht dort eine Ellbogenmentalität, mit der wir nicht mehr klarkommen." Uli redete sich richtig in Rage. „Du musst wissen, dass wir zwei Jahre lang im Winter in Griechenland verbracht haben. Wir hatten dort ein kleines Haus. Die Menschen in Griechenland sind so freundlich und herzlich – es war eine wunderschöne Zeit dort. Wir haben sogar Griechisch Kurse besucht, um uns besser integrieren zu können." Nun geriet Uli ins Schwärmen von Abenden in der Taverne, von fremden Menschen, die beiden nur aus Sympathie zu sich nach Hause eingeladen haben zu sich nach Hause und von den vielen Freundschaften, die dort entstanden sind. „Dort gibt es noch ein

Miteinander! Die Leute auf dem Land haben nicht viel – die kleinen Bauern oder Fischer sind Selbstversorger und kommen gerade so über die Runden. Aber man hilft sich gegenseitig, es gibt ein Gemeinschaftsgefühl, was sehr stark ausgeprägt ist." Ulis Frau Johanna pflichtet ihm bei. „Wir beide spielen Gitarre und einmal im Monat haben wir dort mit griechischen Musikern zusammen Musik in der Taverne gemacht. Es war eine wundervolle Zeit…" Da Uli sehr gut Geschichten erzählen konnte, hörten wir fasziniert zu. Während er erzählte, hatten wir alle Bilder vor dem Auge. Das blaue Meer, die Sonnenuntergänge oder die langen Abende in der Taverne. Ich konnte mir alles so genau vorstellen -es war wirklich eine große Freude, die Zeit mit den beiden verbringen zu dürfen.

Nils war inzwischen wieder zu seinem Lieblingsspielzeug, dem roten Traktor mit dem blauen Anhänger geflitzt. „Den ganzen Vormittag musste ich ihn über den Hof fahren!" lachte Volker.

Johanna schlief fast den ganzen Tag. „Wir brauchen einen Plan B!" Dass wir am nächsten Tag nach Dinkelsbühl fahren würden, stand schon mal fest. Morgens früh, wenn es noch nicht so heiß sein würde. „Das sind nur 16 Kilometer, die schaffen wir in einer guten Stunde." Überlegten wir. Da wären wir auf jeden Fall in der Nähe eines Kinderarztes, der nicht im Urlaub ist, falls sich Johannas Gesundheitszustand nicht bessern würde. Alles weitere würde sich im Verlauf entscheiden.

Pizzaservice im geschlossenen Landgasthof

4. Juni: Rissmannschallbach – Dinkelsbühl
Etappe: 23,5km
Fahrtzeit: 1h 33min

Volker: Eine Hitzewelle war über Deutschland und auch das Frankenland eingebrochen. Für die Kinder im Fahrradanhänger war das eine sehr ungünstige Situation. Machte man das Verdeck auf, damit sich der Anhänger nicht in der Sonne aufheizte, war die Gefahr von Zugluft da, vor allem bei längeren Bergabfahrten. Als wir entschieden, morgens weiter nach Dinkelsbühl aufzubrechen, sahen wir zu, so früh wie möglich auf die Räder zu kommen. Es wurde ein herzlicher Abschied von Familie Birner, die wir in den wenigen Tagen unseres Besuchs auf ihrem Hof richtig ins Herz geschlossen hatten. „Hol doch schnell die Kamera und mach ein Bild von denen!" forderte Frau Birner ihren Mann auf. „Das sieht so goldig aus, wie die Kinder im Anhänger sitzen!". Die Sonne schien schon ordentlich warm, so dass wir zum Abschied drängten. Zunächst ging es über den Nachbarort Heilbronn durch die hügelige Landschaft Richtung Feuchtwangen. „Frau Birner hat mir erzählt, dass sie in ihrer Kindheit immer die zwei Kilometer bis hierhin laufen mussten, da erst hier die richtige Straße anfing." Erzählte mir Volker. In Feuchtwangen bewunderten wir noch kurz die historische Altstadt und hielten dann Ausschau nach den Hinweisschildern für die Radwege. „Dinkelsbühl 16 km" und „Dinkelsbühl 26 km" standen zur Auswahl. Die Birners hatten uns vorher schon von anderen Radlern erzählt, die den längeren Weg auf der romantischen Straße gefahren waren. „Man fährt von Ortschaft zu Ortschaft und kommt nicht an, sagten sie."

„Die Route hat man wahrscheinlich wegen der Wirtschaften so gewählt. Damit die Leute einkehren." Hatte Herr Birner erklärt. Aufgrund der Hitze und der Kinder entschieden wir uns für den kurzen Weg. Dieser führte parallel zur Landstraße, ging aber angenehm durch kleine Wälder und entlang an Baumreihen, so dass wir viel Schatten genießen durften. Genug zu trampeln hatten wir aber auf jeden Fall, denn die Hügel blieben nicht aus. Nach einer guten Stunde erreichten wir Dinkelsbühl. Kurz vorm Rothenburger Tor mussten wir anhalten. Genau in diesem Moment ging die Fronleichnamsprozession durch das Stadttor. Ein toller Empfang. Als die Musik des Posaunenchores ertönte, waren die Kinder sofort hellwach. Erst als die Prozession vorbeigezogen war, konnten auch wir in die Stadt einfahren. Bei der Tordurchfahrt fallen uns die Pechlöcher und der Vorbau mit seinen Erkern auf. „Das zeugt von der Wehrhaftigkeit Dinkelsbühls" überlegte Berit. „Ich habe gelesen, dass sich hier früher auch Folterkammern und Gefängnisräume befanden." Fügte ich hinzu. Von dem schönen mittelalterlichen Stadtkern waren wir sofort begeistert. Auch hier gab es eine gut erhaltene Stadtmauer mit vielen Türmen und Toren. Über das Kopfsteinpflaster rollten wir vorbei an den bunten Fachwerkhäusern mit ihren beeindruckenden Verzierungen auf der Suche nach einem Café. „Ich habe Lust auf ein Eis!" schlug ich vor und Nils stimmte sofort mit ein. „Schokoladeneis!" bekräftigte er. Das Eiscafé fanden wir schnell und freuten uns über die Pause an diesem großartigen Ort. Bald hörten wir aus der Ferne wieder Musik. „Schau mal Nils, der Zug kommt wieder vorbei!" zeigten wir ihm. Tatsächlich tauchte die Prozession bald wieder bei uns auf und zog an uns vorbei zur Kirche. „Ich will mitgehen!" wünschte sich Nils, als er staunend die Trompeter beobachtete, die an uns vorbeizogen. Also musste Volker mit ihm ein Stück mitziehen, bis der Zug die Kirche erreicht hatte. Das Münster St. Georg zu Dinkelsbühl ist eine der schönsten spätgotischen Hallenkirchen Süddeutschlands mit romanischem Turmportal aus dem 15. Jahrhundert.

Es ging auf Mittag zu und wir beschlossen, die restlichen fünf Kilometer bis zu unserer heutigen Unterkunft in Segringen, einem kleinen Dorf hinter Dinkelsbühl, in Angriff zu nehmen. Hier hatten wir eine Ferienwohnung von einem Landgasthof gemietet. Der Landgasthof selbst hatte über den Feiertag geschlossen, aber die Ferienwohnung wurde uns netterweise trotzdem zur Verfügung gestellt. Da uns am Morgen niemand Frühstück machen konnte, hatte uns die Vermieterin bereits Marmelade, Butter und Milch im Kühlschrank bereitgestellt. Sie selbst war heute auch nicht da, so dass sie ihre Mutter beauftragt hatte, uns die Wohnung aufzuschließen. Als wir diese anriefen und über unsere Ankunft informierten, kam sie direkt um die Ecke gelaufen. „Ach, da sind Sie ja schon! Und mit dem Fahrrad, du meine Güte!" rief sie. „Kommen Sie, ich zeig Ihnen, wo sie wohnen. Ich wohne direkt nebenan, wenn Sie etwas brauchen, kommen Sie nur rüber!" Wir waren wieder einmal begeistert von der Herzlichkeit und Hilfsbereitschaft der Menschen hier. „Ja, wie kriegen Sie denn hier heute Abend etwas zu essen? Unser Gasthof hat zu und die andere Gaststätte hier im Dorf hat auch geschlossen." Die ältere Dame schlug die Hände über dem Kopf zusammen. Als wir von unserem Vorhaben, den Pizzaservice aus Dinkelsbühl in Anspruch zu nehmen, rief sie: „Liefert der denn hier raus? Wenn nicht, kann ich Ihnen etwas holen! Oder Sie in die Stadt fahren! Ich spreche auch mal mit meiner Tochter. Wenn sie nicht sowieso Semmeln bringt, fahre ich mit dem Auto welche für Sie holen!"

Johanna ging es wieder ein bisschen schlechter. Sie fieberte noch einmal auf und brauchte definitiv Ruhe. Die Mittagshitze verbrachten wir in der Wohnung. Mit Ausnahme von Nils, der keine Sekunde an einen Mittagsschlaf dachte, ruhten wir uns alle etwas aus. Den Nachmittag verbrachten wir auf dem Kinderspielplatz im Dorf, wo Nils begeistert immer wieder zur Rutschte hinaufkletterte und hinunter rutschte. Johanna und wir zogen es eher vor, im Schatten unter den Bäumen zu sitzen.

Da wir keine Lust hatten, unsere Pizza drinnen in der Wohnung zu essen, erklärten wir dem Lieferservice, dass er zum Gasthof selbst liefern solle. Hier setzten wir uns an einen der kleinen Tische auf den Platz vor dem Gasthof mit Blick auf die schöne Kirche im Ort. Die Mutter des Hauses kam mit ihrem Enkel vorbei und setzte sich dazu, um noch ein bisschen zu plaudern. „Soll ich Ihnen nicht zum Essen ein Bier rausholen?" bot sie an. Da sagten wir nicht nein! Was wurde das für ein gemütliches Abendessen. Bei Pizza und Bier saßen wir selig in der Abendsonne. Nils und Johanna machten sich über die Portion Nudeln her, die wir für sie bestellt hatten. Auch der Enkel von der Frau Dollinger nahm ein Stück Pizzabrot gerne an und so saßen wir zu sechst lustig zusammen. „Der Gasthof ist schon ewig in Familienbesitz." Erzählte Frau Dollinger. „Wir haben den Hof von meinen Schwiegereltern übernommen. Damals hatten wir auch noch Landwirtschaft. Die Felder sind inzwischen aber verpachtet." Nun führe ihre Tochter den Gasthof. „Die haben ihn komplett renoviert, als sie ihn übernahmen. Das ist viel Arbeit, aber allein davon leben kann man leider nicht. Mein Schwiegersohn geht auch noch arbeiten." Das verstanden wir. Immerhin war es hier ein kleines Dorf, das auch nicht direkt an einem Radweg lag oder sonst Durchgangsverkehr hatte. Aber eben deswegen war es hier so idyllisch. Hier und da kam jemand vorbei, grüßte und wunderte sich, ob der Gasthof doch geöffnet sei. „Nein." Musste Frau Dollinger mehrmals abwinken. „Das sind hier nur Hausgäste, die ihr eigenes Essen haben!". Die Dorfbewohner allerdings nutzen die Anwesenheit von ihr auf andere Weise gerne aus: „Guten Abend, wo Sie grad da sind: da nehme ich doch gern noch ein Eis mit." Lachend ging Frau Dollinger bereitwillig in die Gastwirtschaft und verkaufte der alten Frau ein paar Tüten Eis. „Das machen sie immer gern, wenn die Leute mich hier sehen. Das nächste Geschäft ist schließlich ein paar Kilometer entfernt."

„Wenn ihr aufgegessen habt, könnt ihr ja noch zu mir in den Garten kommen. Da kann sich Nils mal mein Kaninchen und die Meerschweinchen ansehen!" Nils bekam große Augen! Kaninchen füttern! Klar, dass er das wollte. Als wir kurze Zeit später auf die Terrasse von Frau Dollinger traten, bestaunten wir zunächst mal den Blick über die Umgebung mit den Hügeln und Wäldern. Dinkelsbühl zeigte sich mit seinen Türmchen in der Ferne und im Vordergrund lag ein kleiner Weiher. „Stefan, zeig Nils doch einmal den Hasen!" forderte Frau Dollinger ihren Enkel auf. Der raste los und zerrte das arme Kaninchen auf seinen Arm. Nils hatte direkt ein Blatt Löwenzahn gepflückt und hielt es dem Tier vor die Nase. Das arme Ding fühlte sich aber sichtlich unwohl auf dem Arm von dem Jungen und hatte gerade keine Lust zu essen.

Johanna wurde gegen Abend wieder richtig fit und hatte auch Spaß daran, die Jungs und das Kaninchen zu beobachten. Fieberfrei fiel sie am Abend ins Bett. In der Hoffnung, dass das so bleiben würde, planten wir die morgige Weiterfahrt nach Nördlingen. „Wenn es der Kleinen nicht besser geht, können Sie gerne bleiben!" hatte Frau Dollinger angeboten. Das war ein gutes Gefühl und das hätten wir definitiv in Anspruch nehmen, wenn Johanna am nächsten Tag nicht wieder gesund gewesen wäre.

Die Superlative der Stadtmauern

5. Juni: Dinkelsbühl – Nördlingen
Etappe: 42,5km
Fahrtzeit: 2h 42min

Volker: Johanna war seit dem Abend fieberfrei und krabbelte am nächsten Morgen gut gelaunt durch die Wohnung. Damit stand unsere Entscheidung fest, die nächste Etappe in Angriff zu nehmen. Schon am Morgen war es unglaublich warm, so dass wir uns sputeten, auf die Räder zu kommen. Um neun Uhr saßen wir im Sattel und fuhren nach einer herzlichen Verabschiedung von Familie Dollinger los.

Erst war es noch recht eben, dann jedoch führte der Radweg in einen Wald hinein. Der Schatten im Wald war angenehm, aber die Steigungen ließen uns ganz schön aus der Puste kommen. Nach gut dreiundzwanzig Kilometern entschieden wir, eine kleine Pause einzulegen, um den Kindern die Gelegenheit zu geben, sich ein bisschen zu bewegen und etwas zu trinken. Viel Zeit zum Ausschauhalten für einen schönen Spielplatz nahmen wir uns nicht. Keiner von uns beiden hatte Lust, bei der Hitze unnötige Wege zu riskieren. Also hielten wir kurzerhand auf einem Rasenplatz zwischen Rathaus und Eisenbahnschienen in dem Dörfchen Fremdingen. Nils biss gerade in sein Käsebrötchen und ich diskutierte mit Johanna, die mir die Salami vom Brötchen gestohlen hatte. Da kam eine alte Frau vorbei, schob ihr Fahrrad neben sich her und wunderte sich über unseren Picknickplatz. „Wo seid ihr denn hergefahren? ... Aha, Dinkelsbühl – ist recht!" Als wir ihr den gesamten Verlauf unserer Tour erklärten, schüttelte sie nur den Kopf. „Ja mei... die armen Kinder!". Und weil ihr diese wohl so leidtaten, griff sie in ihren Fahrradkorb und zog zwei frisch geerntete Radieschen hervor. „Für die Kinder!"

Die restliche Etappe nach Nördlingen schafften wir schnell. Motiviert davon, dass der Nördlinger Kirchturm bald in Sichtweite im Tal auftauchte, radelten wir mit Höchstgeschwindigkeit Richtung Ziel. Bald kamen wir an der prächtigen Klosteranlage des Minoritenklosters Maihingen vorbei. Das 1459 vom Birgittenorden gegründete Kloster wurde 1607 von Minoriten übernommen, denen es bis zur Säkularisation im Jahre 1802 Heimat bot. Die Minoriten haben das Kloster (1703) und die prächtige Klosterkirche (1712 bis 1719) neu gebaut. Heute wird die Klosterkirche vor allem von der Pfarrgemeinde für besonders festliche Gottesdienste genutzt. „In dem Kloster befindet sich eine einzigartig erhaltene Barockorgel." Wusste Berit zu berichten. „Ich habe gestern noch ein wenig über das Kloster gelesen, als wir die Tour geplant hatten." Erklärte sie ihr Wissen. „Erbaut wurde sie im frühen 18.

Jahrhundert, dann wurde sie allerdings wegen verschiedener Schäden unspielbar. Das war eigentlich ein Glücksfall, weil dadurch der Originalzustand der Orgel erhalten wurde."

Pünktlich zum Glockenschlag fuhren wir durch das Stadttor der Altstadt von Nördlingen. Die Stadtmauer der Stadt Nördlingen zählt zu den herausragenden Denkmälern Deutschlands. Die Nördlinger Stadtmauer ist die einzige Stadtmauer Deutschlands, die einen vollständig erhaltenen, begehbaren und überdachten Wehrgang besitzt. Sie umschließt die komplette mittelalterliche Altstadt von Nördlingen und ist auf einer Länge von 2,6 Kilometern durchgängig begehbar.

Leider war die Auswahl an Unterkünften in Nördlingen sehr eingeschränkt gewesen. Genau an diesem Wochenende war hier Kirmes, was anscheinend viele Besucher anzog. Daher mussten wir mit einem Hotel in der Stadt vorliebnehmen, welches nicht nur überteuert war, sondern auch nicht unserer Vorliebe an Unterkünften entsprach. Aber immerhin lag es mitten in der Stadt, so dass wir noch einen kleinen Spaziergang in die Altstadt unternehmen konnten. Vorerst aber war es für solche Ausflüge viel zu heiß. Die Mittagshitze warteten wir im Hotelzimmer ab. Die entspannteste Mittagspause wurde es allerdings auch nicht. In dem muffigen Hotelzimmer bekam keiner von uns ein Auge zu. Bald hielten wir es nicht mehr aus und machten uns fertig für einen Stadtspaziergang. Der Kinderspielplatz an der Stadtmauer war unser erstes Ziel. Die Picknickdecke wurde im Schatten ausgebreitet und die Kinder vergnügten sich im Sandkasten, der zum Glück ebenso im Schatten lag. Vom kleinen Einkaufsladen in der Nähe gab es dann für alle Eis und etwas Kaltes zu trinken. Erst nach 17 Uhr lösten wir uns von diesem schattigen Plätzchen und zogen los in die Altstadt. Am Marktplatz fanden wir ein nettes Lokal, wo wir uns über fränkische Hausmannskost freuten. Ein Haufen Spätzle für Nils, Volker bekam seinen geliebten Braten mit Klößen und Altbiersoße und ich ließ mir die fränkischen Bratwürste schmecken. Diese wurden uns auch in Kombination mit Spargel angeboten. „Die Franken… „lachten wir.

Fazit des Tages Nr 1: dank frisch gepflückter Radieschen sind unsere geplagten Kinder heute etwas besser dran.

Fazit des Tages Nr 2: Fränkische Bratwürstel schmecken zu allem, auch zu Spargel!

Kühles Nass

6. Juni: Nördlingen – Donauwörth
Etappe: 38km
Fahrtzeit: 2h 01min

Berit: Was gestern so gut funktioniert hatte, wollten wir heute nochmal wiederholen: Früh losfahren und früh ankommen. Das war ein erreichbares Ziel, denn heute stand nur eine kleinere Etappe auf dem Programm: bis in die Jugendherberge nach Donauwörth. Damit hätten wir wieder ein Etappenziel unserer Tour geschafft: die Donau erreicht! Die Chefin des Hauses im Hotel in Nördlingen warnte uns noch: „Fahren Sie über Harburg? Der Berg dort ist nicht zu unterschätzen!" Für die Kinder gab sie uns noch ein paar Gummibärchen mit und wünschte uns eine gute Fahrt. Zunächst nahe der Landstraße gelegen, führte der Radweg einigermaßen eben an den Feldern vorbei. Hinter uns zog sich der Himmel bedrohlich dunkel zusammen. „Hoffentlich kommen wir nicht in ein Gewitter hinein!" hofften wir. Der Radweg trennte sich schließlich von der Landstraße und führte wunderschön vorbei an Dörfern, kleinen Ortschaften, Kapellen und kleinen Wäldern. Es wurde zwar etwas hügeliger, aber die Aussicht über die Landschaft war von hier wunderschön. Hier schien die Welt noch stehengeblieben zu sein. Die Bauern waren auf ihren Feldern, um vor dem angekündigten Regen noch ihr Heu fertig zu machen. Es roch überall gut nach frisch gemähtem Gras. Als die Steigungen zunahmen, wussten wir: wir haben Harburg erreicht. Eindrucksvoll mit dem Schloss auf dem Berg gelegen, tauchte das kleine Städtchen vor uns auf. Weiter ging es hinunter zum kleinen Fluss Wörnitz, wo wir ohne beachtliche Höhenmeter auf Donauwörth zu radelten. Bald tauchten die Silhouetten der Kirchen und Häuser des schönen Städtchens in der Ferne auf. Die Jugendherberge lag etwas vor der Stadt. Blöd war nur der steile Berg, auf dem sie gelegen war – hier mussten wir zum Schluss doch noch die Räder hochschieben.

Wir freuten uns so sehr, dass wir schon vor 11 Uhr die Jugendherberge erreicht hatten. Leider wurden wir am Eingang enttäuscht. „Check-in 17 Uhr!" stand dort geschrieben. Immerhin war geöffnet und wir konnten unser Gepäck in der Eingangshalle abstellen. Die Herbergsleiterin war auch noch im Haus und wurde durch den Geräuschpegel unserer Kinder angelockt. „Die Sachen können Sie abstellen, aber in die Zimmer können Sie noch nicht." Sagte sie kurz und knapp und gab keinen Anlass zur Diskussion.

Was also anfangen mit einem Nachmittag in Donauwörth, mit zwei kleinen Kindern und draußen weit über 30 Grad im Schatten. „Lass uns ins Freibad gehen!" schlug

Volker vor. „Das ist wirklich das Beste, was wir heute tun können!" stimmte ich zu und wir packten schnell ein paar Sachen zum Schwimmen um.

Laut Stadtplan war das Freibad nur wenige Kilometer entfernt. Erschwerend kamen allerdings die Höhenmeter hinzu, da wir leider erst von dem Berg der Jugendherberge ins Tal und dann wieder steil bergauf zum Freibad radeln mussten. Der Weg führte dummerweise auch noch über eine Brücke über eine Schnellstraße, die so steile Treppen aufwies, dass wir mit Rädern und Anhänger sie nicht passieren konnten. Uns blieb nur ein weiter Umweg bis zur nächsten Überführung. Völlig verschwitzt erreichten wir dann endlich uns ersehntes Ziel. Der Ausblick vom Freibad war allerdings eine Entschädigung. Der Blick auf die Stadt Donauwörth war beeindruckend.

Den ganzen Nachmittag war uns Spaß und Entspannung im Freibad gegönnt. Besser hätten wir den Nachmittag nicht verbringen können. Während die Kinder fröhlich im Wasser plantschten, konnten wir uns im schattigen Plätzchen unter den Bäumen von der Fahrradtour erholen. „Donauwörth schauen wir uns ein anderes Mal an" murmelte Volker. „Ein bisschen sehen wir ja auch morgen bei der Weiterfahrt!" trösteten wir uns.

Der Abend in der Jugendherberge war wieder einmal sehr nett und kommunikativ. Beim Essen, das die Kinder mit Schokoladenpudding überzeugte, kamen wir mit anderen Familien in Kontakt, die unser Projekt bewunderten. Einige hatten eigene Geschichten über spannende Touren zu berichten. Nur zum Schlafen war es an diesem Abend viel zu heiß...

An der Donau

7. Juni: Donauwörth – Dillingen
Etappe: 36,6km
Fahrtzeit: 1h 51min

Volker: Bei den Temperaturen waren lange Etappen nicht drin. Einen Ruhetag einlegen wollten wir in Donauwörth wie anfangs geplant dann doch nicht. Die Jugendherberge war zwar in Ordnung, hatte aber für unsere kleinen Kinder kaum Spielmöglichkeiten, geschweige denn einen Spielplatz. Also beschlossen wir, in kleinen Etappen langsam Richtung Ulm weiterzufahren. Dillingen hatten wir als nächstes Etappenziel ausgesucht. Die knapp dreißig Kilometer wären am Vormittag gut zu schaffen, so dass wir vor der großen Mittagshitze und den angekündigten Gewittern am Ziel wären. Am Vortag hatten wir telefonisch eine Ferienwohnung gebucht. „Dann können wir uns auch gut drinnen aufhalten, falls es zu heiß wird." Überlegten wir.

Es ging also wieder früh los, direkt nach dem Frühstück. Von der Donau hatten wir bisher noch nichts zu sehen bekommen, daher freuten wir uns auf den Radweg am Fluss. Die Innenstadt von Donauwörth bewunderten wir nur auf der Durchfahrt – jetzt hieß es Strecke machen. Wir überquerten die Donau und fuhren dann auf der rechten Uferseite flussaufwärts. Zu unserer Enttäuschung führte der

Radweg nicht direkt am Fluss entlang. „Das erinnert mich irgendwie an die Tour am Anfang des Weserradwegs." Meinte ich. „Das stimmt!" lachte Berit. „Nur dass wir hier nicht durch Rapsfelder fahren, sondern an Gerste und Mais vorbei." Aber genauso flach war es wieder. Die Mittelgebirge hatten wir erstmal hinter uns gelassen. Entsprechend schnell ging es voran. Inzwischen gut trainiert und an Steigungen gewöhnt, fuhren wir in schnellem Tempo durch die Landschaft. Kurz vor Dillingen sollte unsere Ferienwohnung liegen. Bald sahen wir auch schon an der Straße das Schild „Zimmer frei" auf einem verwitterten Brett mit krakeliger Handschrift geschrieben. „Wenn die Wohnung in genauso einem Zustand ist, wie das Schild, können wir direkt weiterfahren!" rief ich. „Es ist erst 11 Uhr und die Wohnung liegt 3 Kilometer außerhalb des Ortes!" Schon abgeschreckt fuhr ich fort: „Sollen wir nicht direkt weiterfahren? Was sollen wir denn den ganzen Nachmittag hier?" Genau in diesem Moment kam allerdings der Vermieter heraus. „Ach wir haben doch telefoniert…" Wir kamen also nicht drum herum, uns die Wohnung zumindest mal anzuschauen. Was aber ein kurzes Vergnügen wurde, denn wir taumelten rückwärts wieder raus. Irgendwie in den Schuppen hinein gezimmert fanden wir zwei Räume vor, alles notdürftig zusammengeschustert: dreckig und speckig schon beim ersten Anblick. Im restlichen Schuppen stapelte sich der Müll. Dass uns keine Ratte über die Füße lief, war alles. Wir ergriffen die Flucht, sagten „Dankeschön, aber hier übernachten wir nicht!" Schnell setzten wir uns wieder auf die Räder und nahmen Kurs auf den Ortskern von Dillingen. Im Vorfeld hatten wir recherchiert, dass es ein Freibad gab und einen Campingplatz, der direkt daneben lag. „Ich will hier raus!" tönte es laut aus dem Anhänger. Nils, der eben eigentlich schon das Ziel vor Augen hatte, wurde ungeduldig und hatte keine Lust mehr weiterzufahren. Das war ihm bei der zunehmenden Hitze auch nicht zu verdenken. „Erstmal zum Campingplatz, da gibt es auf jeden Fall einen Spielplatz!" entschieden wir. Ein paar Kilometer weiter erreichten wir unser Ziel und wurden mit einem schönen Spielplatz unter Bäumen im Schatten belohnt. Die Kinder waren erstmal glücklich und Berit konnte in Ruhe beim Campingplatz nach einer Unterkunft fragen. Hier wurden nämlich nicht nur Zeltplätze und Stellplätze für Wohnmobile vermietet. Es gab noch ein kleines Gästehaus mit Zimmern. „Ja, ich habe noch ein Vierbettzimmer frei!" antwortete ihr die Besitzerin. Es war zwar nur ein besseres Jugendherbergszimmer, aber sauber und ordentlich.

Es wurde ein richtig toller Tag! Auf dem Spielplatz trafen wir eine Familie mit ähnlich alten Kindern, mit denen wir die Mittagspause verbrachten. Nils freute sich vor allem, dass er von dem kleinen Samuel das Laufrad ausleihen durfte, mit dem er dann ohne Unterlass einen kleinen Hügel hinauf und hinunter sauste. Als die Familie sich auf den Weg nach Hause machte, gingen wir in unser Zimmer und nutzten die Zeit für ein ausgiebiges Mittagsschläfchen.

Als wir am Nachmittag wieder an die frische Luft kamen, lag der Biergarten vom Campingplatz mitsamt seinem kleinen Spielplatz schön im Schatten. Wir konnten also gemütlich ein Bierchen genießen, während sich die Kinder auf dem Spielplatz austobten. Ein herrlicher Abend in Gesellschaft anderer Radreisender. Ein Pärchen, das auf der Wiese ihr Zelt aufschlug, war zum Beispiel auf dem Donauradweg unterwegs. Bis zum schwarzen Meer sollte es gehen. Auch sie hatten zwei Monate Zeit. „Vorgebucht haben wir auch nichts!" erzählten sie. „Wir wissen ja nicht, wie weit wir kommen und wo es uns gefällt." Dieselbe Devise wie wir.

Regen

8. Juni: Dillingen – Echlishausen (Günzburg)
Etappe: 37km
Fahrtzeit: 2h 11min

Berit: Schon mitten in der Nacht ließ uns ein Gewitter aus dem Schlaf schrecken. Es krachte und blitzte und der Regen prasselte stark gegen das Fenster. Was waren wir froh, dass wir jetzt nicht wie die anderen draußen im Zelt schliefen!

Als wir morgens aus den Federn krochen, hatte der Regen nicht im Geringsten nachgelassen. „Unser erster Regentag!" fiel uns auf. Auf den Tag genau waren wir jetzt sechs Wochen unterwegs. Bisher hatten wir keinen Tag im Regen fahren müssen. „Wir schauen mal, ob sich nicht ein kleines Zeitfenster ohne Regen ergibt." Schlug Volker vor. Wir konnten es erstmal gemütlich angehen lassen. Der Campingplatz hatte heute Ruhetag und wir hatten keinen Zeitpunkt, an dem wir das Zimmer räumen mussten. Frühstück gab es dagegen dann auch nicht. Volker erbarmte sich und stiefelte im strömenden Regen los zur nächsten Bäckerei, um uns Brötchen und Brezeln zu besorgen. Als er triefend nass wieder in der Herberge stand, machten wir es uns draußen auf der Veranda des Biergartens gemütlich. Zufrieden saßen wir mit unserem Frühstück auf der Bierbank und schauten zu, wie die anderen Leute langsam aus ihren

228

Zelten und Wohnwagen kletterten. „Das ist ganz schön abgegangen hier heute Nacht!" murmelte ein älterer Mann auf dem Weg zu den Waschräumen.

Nils zog es schon wieder Richtung Spielplatz. „Es regnet nur noch zwei Tropfen!" freute er sich, musste dann aber enttäuscht feststellen, dass Rutsche und Sand klitschnass waren. Tatsächlich wurde es etwas heller am Himmel und wir packten die Fahrräder, um uns auf den Weg machen zu können. Endlich ging es direkt an der Donau entlang. Wunderschön führte der Radweg nah am Ufer unter Bäumen hindurch. Durch den starken Regen hatten sich allerdings auch viele tiefe Pfützen gebildet, so dass sowohl Fahrräder als auch Anhänger bald mit Dreck überzogen waren.

entlang der Donau

So flach wie die Strecke war kamen wir wieder im Rekordtempo voran. "28 km/h hatten wir teilweise auf dem Tacho!" begeisterte sich Volker, als wir kurz anhielten, um den Weg zu checken. "Lass uns erstmal bis Günzburg fahren und dann schauen, ob wir eine Pause einlegen." Es fing doch langsam wieder an zu tröpfeln. Fünf Kilometer vor Günzburg wurden wir dann richtig nass. Der Himmel hatte seine Schleusen wieder geöffnet. Es half aber alles nichts. Die Kinder saßen warm und trocken im Anhänger und wir waren eh schon nass. Also traten wir kräftig in die Pedale und radelten nach Günzburg. Dort fanden wir ein schönes Eiscafé, in dem wir uns bei einem heißen Cappuccino wieder aufwärmen konnten. Nils machten wir mit seiner geliebten Kugel Schokoladeneis glücklich und Johanna freute sich über eine Eiswaffel, die die Bedienung ihr in die Hand drückte. "Jetzt sind es nur noch acht Kilometer bis zu unserem Ziel!" erklärte ich. Heute würden wir endlich wieder auf einem Bauernhof übernachten. Gleich zwei Nächte. Wir wollten nochmal einen Ruhetag einlegen, bevor wir uns auf die Zielgerade an der Iller Richtung Oberstdorf aufmachen würden.

Echlishausen erreichten wir schnell über einen etwas aufgeweichten Feldweg. Auf dem Hof wurden wir direkt herzlich begrüßt. "Eier und Milch könnt ihr von uns haben.

Ansonsten gibt es einen Tante-Emma-Laden ein paar Hundert Meter von hier!" klärte uns die Frau des Hauses auf. 38 Milchkühe standen hier im Stall. Außerdem gab es ein paar Ziegen und jede Menge Hühner und Katzen. Nils schaute mit großen Augen auf den kleinen Trettraktor. "Mama hier gibt es einen kleinen Traktor. Ich will mit dem fahren!". Entsprechend gestaltete sich der Nachmittag. Dass die Kühe in der Zwischenzeit gefüttert und gemolken wurden interessierte Nils nur beiläufig. Auch dass der große Traktor mehrmals an uns vorbeifuhr und ihn sogar einlud, eine Runde mitzufahren, konnte ihn nicht von seiner Leidenschaft ablenken. "Nein Mama, ich will den kleinen Traktor fahren. Und die Schubkarre!" Also wurden Tannenzapfen gesammelt und mit der kleinen Schubkarre über den Hof gefahren. Runde um Runde wurde durch Pfützen und Schlaglöcher mit dem Trettraktor um den Hof gedreht. Als er am Abend mit seinem Papa auf der Couch saß, sagte er: "Papa, ich bin müde!". "Noch schnell Zähneputzen Nils!" forderte Volker ihn auf. "Ich bin so müde!" und als Volker mit der Zahnbürste vor ihm stand war er schon eingeschlafen.

Ferienhof Lohr

9. Juni: Ruhetag

Volker: Von den 30 Grad an den Tagen zuvor war nur noch die Hälfte übriggeblieben. Durch die Gewitter und den Regen hatte es sich auf 15 Grad abgekühlt. Da es uns Eltern schon davor grauste, den ganzen Tag damit zu verbringen, Nils auf seinem Trettraktor um den Hof zu schieben, hatten wir einen anderen Plan für den heutigen Tag gemacht. In Leipheim gab es ein schönes Schwimmbad. Dorthin konnten wir auch direkt von der Haustür mit dem Bus fahren, sodass wir die Fahrräder in der Garage lassen konnten. Die Busfahrt war das erste Highlight für Nils. Aber auch im Schwimmbad war er voll in seinem Element. Glücklicherweise fand zeitgleich ein Baby-Schwimmkurs statt, an dem ich mit Johanna teilnehmen durfte. Auch die Spielsachen des Kurses durften die Kinder mitbenutzen. Zwei hungrige und glückliche Kinder zogen wir nach dem Schwimmen wieder an. "Ich will wieder Bus fahren!" freute sich Nils und konnte sich durch die spannende Busfahrt noch bis zum Bauernhof wachhalten. Johanna war längst auf meinem Schoß eingeschlafen. Der Rest des Tages war besiegelt: Wir fuhren wieder Runde um Runde auf dem Hof mit dem kleinen Trettraktor. Der Anhänger musste immer

232

mit und wurde immer schwerer beladen: schließlich fuhren die Schubkarre, ein Haufen Tannenzapfen und drei Bälle immer mit!

Nebenbei kamen wir mit dem Bauer ins Gespräch, der gerade das Futter für seine Kühe mischte. "Weizen, Mais und Raps bekommen sie immer, das mische ich mit Heu und Silage zusammen." Soja habe er vorher immer gefüttert, aber seitdem er für die Firma Zott liefere, könne er das nicht mehr nehmen. "Das bekommt man nicht gentechnikfrei und das ist für Zott Voraussetzung." Dass sich die Milchwirtschaft mit so einem kleinen Betrieb noch lohne, läge daran, dass hier alle mit anfassen. "Meine Eltern helfen auch noch kräftig mit auf dem Hof. So brauchen wir keine Angestellten." Tatsächlich. Pünktlich um halb sechs am Abend fing die rüstige Mutter an, die Kühe in den Melkstand zu treiben. "Hopp Hopp!" mit einem Stock bewaffnet trieb sie die Kühe in Position. "Du weißt genau, wo du hingehörst!" trieb sie ein auf Abwege geratene Kuh an. Ihr Mann fuhr gerade Fuhre um Fuhre Dünger aufs Feld. "Mama, ich rieche was!" rief Nils auf einmal!

"Auf dem Feld habe ich eigentlich nur, was ich selbst brauche: Mais und Weizen. Ein bisschen Weizen verkaufe ich auch, aber das meiste fressen meine Kühe. Und natürlich Gras auf den Wiesen für das Heu!" Hinzu kam die

Vermietung der Ferienwohnungen, was sich hier in der Nähe von Legoland richtig lohne würde. "Wir haben mehr Anfragen als wir annehmen können!" erzählte Frau Lohr. "Wir überlegen schon, hinter dem Stall noch Ferienwohnungen zu bauen!" Von unserer Radtour waren sie begeistert. Vor allem die Großeltern-Generation fing begeistert an, von den eigenen Radtouren zu erzählen. "Jetzt geht es nicht mehr so gut, denn meine Frau hat gerade ein neues Kniegelenk bekommen." erzählte der Alte. "Aber wir sind auch begeisterte Radfahrer!" "Ja aber mit so zwei kleinen Kindern!" schlug seine Frau die Hände über den Kopf zusammen. "Das ist ja nicht zu glauben, was ihr schon für eine Reise macht!" Dann lief sie los, um uns die Katzenjungen zu zeigen. "Schaut mal, die sind vor ein paar Wochen geboren." Nils staunte: "Die sind ganz, ganz klein und kuscheln die ganze Zeit bei ihrer Mama!" erzählte er abends beim Abendessen.

In Ulm und um Ulm und um Ulm herum

10. Juni: Echlishausen – Vöhringen
Etappe: 47,4km
Fahrtzeit: 2h 44min

Berit: Jetzt hatten wir es schon wieder geschafft: ein altes, schäbiges Pensionszimmer zu finden. Viel Auswahl hatten wir am Anfang beziehungsweise Ende des Iller Radwegs nicht, also hatten wir uns dazu durchgerungen, im Bräuhaus in Vöhringen ein billiges Dreibettzimmer zu reservieren. "Das sieht schon im Internet nicht doll aus..." zweifelte Volker. Aber es lag zwanzig Kilometer hinter Ulm und damit in gutem Abstand zu unserer Nachmittagstour. Als die Frau des Hauses uns das Zimmer zeigen wollte, führte sie uns durch den Flur, an der Küche vorbei die Treppe hoch. Die alten Teppiche sahen schon sehr mitgenommen aus. Im gesamten Haus hatte sich der Fettgeruch aus der Küche ausgebreitet und war sogar in der Etagentoilette noch wahrzunehmen. Nippes und Proll waren aufgetürmt in Vitrinen und Wandregalen. Eingestaubte künstliche Blumen dekorierten die Fensterbänke und Tische. "Hier ist Ihr Zimmer" sagte die Frau, als sie eine Tür aufschloss. Beim Reinkommen stockte sie. "Ja was ist denn das? Hier wohnt schon jemand?" Taschen standen auf dem Boden und auf den Betten waren Kleidungsstücke ausgebreitet. "Ja da ist wohl was schief gelaufen... was machen wir denn da? Eine Stunde war ich kurz weg und schon geht alles schief!" schimpfte sie. "Ich kann Ihnen alternativ ein Studio anbieten. Wenn Sie mal kurz mitkommen wollen? Das ist allerdings noch nicht gereinigt." Skeptisch folgten wir ihr in den anderen Hauseingang in eine kleine Wohnung unterm Dach. Am liebsten wären wir dort rückwärts wieder hinaus gegangen. Nicht gemachte Betten auf einem Laminatboden, der sich langsam vom Untergrund ablöste. Die Dusche war stümperhaft in der Küche montiert - die Leitungen sahen nicht so aus, als wären sie fachmännisch angebracht. Die Küchenzeile war dreckig und schmierig. Während wir noch überlegten, was wir tun sollten, kam zum Glück die Dame zurück. Sie war kurz telefonieren gegangen. "Alles zurück. Es ist ein Fehler unterlaufen. Der Herr, der ein Einzelzimmer gebucht hat, hat versehentlich Ihr Zimmer belegt. Wir tauschen schnell." Das Zimmer war auch nicht das feinste, aber man hatte zumindest den Eindruck, dass hier heute noch eine Putzfrau durchgekommen ist. Aufhalten wollten wir uns hier aber nicht, so dass wir den restlichen Nachmittag auf den Spielplatz verbrachten.

Wir hatten heute mal wieder eine ordentliche Strecke mit dem Fahrrad zurückgelegt:

Am Morgen waren wir auf dem Bauernhof aufgebrochen, nachdem Nils noch unzählige Male mit dem Trettraktor um den Hof gefahren war und auch noch die kleinen Schildkröten bewundert hatte, die hier auf dem Hof wohnten. Da wir bisher so wenig von der Donau gesehen hatten, entschieden wir uns gegen den direkten Weg nach Ulm und fuhren zurück nach Leipheim, wo wir die Donau einmal überqueren konnten. Von hier folgten wir dem offiziellen Donauradweg. Wir wurden leider enttäuscht. Der Radweg führte zunächst immer geradeaus durch den Wald. Von der Donau weit und breit keine Spur. Weiter ging es durch kleinere Ortschaften und schließlich die Landstraße Richtung Ulm. Erst ein paar Kilometer vor Ulm bogen wir auf den Radweg direkt an der Donau ein. Durch Friedrichsau ging es durch Parkanlagen bis zur Ulmer Stadtmauer. Dort hatten wir uns an einem Lokal zur Mittagspause mit Freunden verabredet, die in Ulm wohnten. Nils und Johanna tobten sich ein wenig auf dem Spielplatz an der Stadtmauer aus, bis wir dann im Ulmer Pfannkuchenhaus zum Mittagessen einkehrten. Fast wagenradgroße Pfannkuchen mit den verrücktesten Belägen wurden uns hier serviert. Spinat mit

Spiegelei oder Leberkäs waren da nur die weniger ausgefallenen Varianten.

Voll gefuttert machten wir uns anschließend auf einen kleinen Stadtspaziergang. Das Ulmer Münster wollten wir doch mindestens einmal sehen. Zumal dort zurzeit ein kleines Lego-Münster ausgestellt war. Nils bewunderte dieses Bauwerk mit großen Augen. Am liebsten hätte er die kleinen Steine auch angefasst oder das ein oder andere Stück umgebaut, doch davon konnten wir ihn gerade noch abhalten. Im Jahr 1890 wurde das Ulmer Münster mit dem Aufsetzen der Turmspitze fertiggestellt. Seitdem besitzt Ulm den mit 161,53 Metern den höchsten Kirchturm der Welt.

Am Ulmer Münster

Dieses Jahr wurde mit einer groß angelegten Kunstaktion der 125. Geburtstag dieses Bauwerks gefeiert. Faszinierend war vor allem die aktuelle Sonnenausstellung, die eine riesige beleuchtete Kugel in der Turmhalle des Münsters zeigte. „Solar Equation" hieß die Installation des Künstlers Rafael Lozano-Hemmer. Die Leuchtkraft dieser Sonne veränderte sich abhängig davon, wie viele Besucher sich näherten.

Beeindruckt kamen wir alle aus dem Gebäude wieder heraus. "Kennst du eigentlich die Geschichte vom Ulmer Spatzen?" fragte uns unser Freund Christoph. Als wir verneinten, ließ er es sich nicht nehmen, die Geschichte zum Besten zu geben. "Der Sage nach sollen die Ulmer beim Bau des Münsters einen besonders großen Balken angekarrt haben. Sie schafften es aber nicht, ihn durch das Stadttor zu bringen. Als sie kurz davor waren, das Tor einzureißen, sahen sie einen Spatzen, der einen Zweig im Schnabel trug, um diesen in sein Nest einzubauen. Und dieser Spatz flog mit dem Zweig längs durch das Tor. Da ging dann wohl auch den Ulmern ein Licht auf, und sie legten den Balken der Länge nach auf ihren Karren und nicht quer, wie bisher." Wir lachten. "Der Ulmer Spatz ist das Wahrzeichen der Stadt" erklärte Christoph. Überall trifft man auf ihn. Hotels, Eisenbahnen und sogar bestimmte Brötchen sind nach ihm benannt." Ihm fiel etwas ein: "Wenn ihr auf eurer Tour an der Iller mal darauf achtet: Sogar auf den Hinweisschildern des Illertal Radwegs ist der Ulmer Spatz abgebildet."

Unsere Freunde mussten wieder arbeiten und wir schwangen uns auf die Räder. Die Kinder waren nach der langen Pause schon wieder müde, so dass sie ohne Murren in den Hänger einstiegen. "So, jetzt geht es auf die Zielgerade!" freuten wir uns. Der Iller Radweg war die letzte Route von Ulm bis zu unserem End-Ziel im Allgäu. Sanft bog die Iller von der Donau ab, so dass wir es kaum merkten, als wir auf den Iller Radweg einbogen. Was wir allerdings merkten, war der veränderte Untergrund, auf dem wir jetzt fuhren. Ein grober Kiesweg führte uns am Ufer der Iller entlang durch den Wald. Mit Hängern zu fahren, war hier keine Leichtigkeit. Die vielen kleinen Steinchen boten einen großen Widerstand und erforderten ziemlich viel Kraft beim Weiterkommen. Landschaftlich war es hier aber wunderschön. Fast einsam fuhren wir durch die Natur. Als wir kurz vor Vöhringen aus dem Wald in die offene Landschaft fuhren, war es plötzlich ganz ungewohnt, dass es so hell war. Etwas verschandelt wurde die wilde Landschaft allerdings durch die großen Hochspannungsleitungen, die sich hier über die Iller und den Wald spannten.

Trotz des schäbigen Zimmers hatten wir einen gemütlichen Abend zusammen. Es gab Brezeln und Butterbrote und zumindest Johanna fielen schnell die Augen zu. Nils kam nicht zur Ruhe und genoss es, den Abend mit Salzstangen und Papa beim Fußballgucken zu verbringen.

Die gemeinsamen Abende, die wir zwangsläufig in einem Zimmer verbringen, würden wir am Ende der Tour mit Sicherheit auch vermissen. Es war doch eine besondere Familienzeit, in der wir uns zu viert auf engem Raum arrangieren mussten. Überhaupt war dies eine Reise, die uns als Familie noch viel enger zusammenschweißte. Jeder hatte seine eigenen Bedürfnisse, die unter einen Hut gebracht werden mussten:

- je nach Tageszeit Müdigkeit oder auch Bewegungsdrang der Kinder
- regelmäßige Mahlzeiten.
- Touren planen und Strecke zu machen
- Volker, der oft Hummeln im Hintern hatte, weil er das nächste Etappenziel vor Augen hatte
- ich radelte gerne entspannter durch die Landschaft und wählte lieber die schönere als die kürzere Strecke wählte. Leider zeigte sie sich oftmals nicht als Navigationstalent und konnte ihren Mann damit zur Weißglut bringen.

Jetzt auf der Zielgeraden wurden wir ein bisschen sentimental. Volker wollte nur noch ankommen. Das ließ er uns deutlich spüren. Auch ich freute mich, das Ziel der Tour vor Augen zu haben. Aber ein bisschen Wehmut schwankte natürlich auch mit. Unsere gemeinsame Familienzeit neigte sich dem Ende zu. Natürlich freuten wir uns auch wieder auf den Alltag und unser Zuhause, aber so ging doch eine außergewöhnliche und intensive Zeit auf dem Fahrrad dem Ende zu.

Illertal Radweg

11. Juni: Vöhringen – Buxheim
Fahrtzeit: 39km
Etappe:2h 18min

Volker: Dem Gasthof entflohen wir am Morgen so schnell es ging. Frühstück wurde sowieso keins angeboten, was angesichts des Fettgeruchs im ganzen Haus nicht weiter schlimm war. Direkt gegenüber befand sich ein Supermarkt, wo wir nicht nur ein paar Einkäufe für den Tag erledigen konnten. Hier gab es eine Bäckerei mit Sitzgelegenheit, wo wir einen leckeren Kaffee und frische Brötchen genossen. Das Wetter war heute optimal. Leicht bewölkt und angenehm warm. Perfektes Radfahrwetter. Die Strecke führte zurück auf den Iller Radweg, wo wir Anschluss nahmen an die Tour vom Vortag. Weiter ging es schnurgeradeaus auf Waldwegen direkt an der Iller. Hier war es nicht nur landschaftlich wunderschön, sondern auch sehr angenehm, durch den Wald zu fahren. Der Weg war hier etwas älter und platt gefahrener, so dass das Radeln leichter fiel und wir gut vorankamen. Kilometerlang ging es nur geradeaus, immer dasselbe Bild vor den Augen: heller Kiesweg, rund herum Büsche und Bäume. An der Uferseite blitzte immer wieder die Iller hervor. Mit der Zeit wurde es dann doch ein wenig eintönig. Teilweise musste man allerdings schon sehr auf den Radweg konzentrieren, zumal der Kiesweg teilweise gerade mal eine Radbreite maß.

Schiebe-Passagen entlang der Iller

Gegen Mittag bogen wir von der Iller ab und suchten uns in den umliegenden Dörfern einen Spielplatz für unsere Mittagspause. In Unteropfingen wurden wir fündig und hielten uns gute zwei Stunden auf dem schönen Spielplatz auf. Picknick auf dem Spielplatz war bisher immer die beste Mittagspause für alle gewesen. Die Kinder tobten sich aus, während wir auf der Picknickdecke auch mal die Beine ausstrecken konnten. Johannas Brei wurde wie immer mit dem Gaskocher zubereitet, den sie mit großem Appetit in sich hineinstopfte. Für uns andere hatten wir eine Tütensuppe mitgebracht und ein paar Brote geschmiert. Nils war wie immer in seinem Element, wenn es ums Kochen ging. Eifrig half er mit und war seinem Papa stets zur Hand. Nur im entscheidenden Moment unterlief ihm heute ein Fehler: Das Wasser kochte und die Suppe musste nur noch in das Wasser geschüttet werden. Nils schüttete. Allerdings daneben. Der gesamte Inhalt der Tüte landete auf dem Rasen neben dem Kocher.

Es gab also keine Suppe, sondern nur die belegten Brote. Das muss man wohl in Kauf nehmen, wenn man die Kinder integriert. Wir lachten alle zusammen über die Suppe, die wir nun nicht bekommen konnten.

Nach der ausgiebigen Mittagspause setzten wir unseren Weg bis Buxheim bei Memmingen fort. Dort war das Ziel der heutigen Etappe. Ein Landgasthof direkt am Buxheimer Weiher. "Viele Spielmöglichkeiten für Kinder, Tretbootverleih, Ponyreiten, Waldspielplatz". Damit hatte der Gasthof im Internet geworben und uns Lust gemacht, hier den Nachmittag mit den Kindern zu verbringen. Leider entpuppte sich der Landgasthof als eine etwas in die Jahre gekommene Gaststätte. Die Spielecke für Kinder waren drei Spielzeugautos, der Spielplatz war Teil des benachbarten Biergartens, der mit Karussell und münzbetriebenen Fahrgeschäften ausgestattet war. Der Biergarten hatte leider geschlossen und damit war auch das Tretbootfahren nicht möglich. Trotzdem war es eine angenehme familiäre Atmosphäre. Wir kamen mit der Bedienung ins Gespräch, die uns erzählte, dass ihre Chefin den Gasthof erst vor einem Monat übernommen hatte. "Das Haus hatte einen ganz schlechten Ruf, hier war alles dreckig und eklig. Hier wollte man weder essen noch ein Bier aus dem Zapfhahn trinken." Das Geschäft sei dementsprechend schleppend angelaufen. "Unsere Karte ist noch sehr klein, da wir sonst nicht garantieren können, dass das Essen frisch gemacht wird." Auch wenn wir anfangs über die Auswahl der Karte enttäuscht waren, freuten wir uns dennoch über eine sehr leckere Portion Leberkäs mit Spiegelei und Kartoffelsalat. "Die Eier kommen von unserem Hof. Das sind auf jeden Fall glückliche Hühner!" erklärte die Kellnerin und erzählte von den Hühnern auf ihrem Hof, die regelmäßig der Fuchs holt. "Ab und zu ziehen wir mal ein paar Schafe vom Nachbarn mit auf und ein paar Schweine hatten wir auch schon. Sonst haben wir nur Hunde. Mit dem Berner-Senn-Hund mache ich zurzeit eine Ausbildung als Rettungshund." Regelmäßig würden sie so für Einsätze des roten Kreuzes beansprucht, wenn Vermisste gesucht würden. Wieder einmal wurde es ein richtig netter Abend, an dem wir mit Land und Leuten ins Gespräch kamen. Das war auch das, was unsere Reise so besonders machte. Die eigentlichen Unterkünfte waren da eigentlich Nebensache.

Fazit des Tages: Tütensuppe im Gras macht nicht satt, bringt aber die Familie zum Lachen.

Berge in Sicht

12.Juni: Buxheim – Kempten
Etappe: 48,2km
Fahrtzeit: 3h 01min

Berit: "Bis vor kurzem hatten wir ein Bed- and Breakfast-Hotel in England" erzählte uns die Gastwirtin beim Frühstück. "Aber eine pflegebedürftige Mutter und die Enkelkinder haben uns wieder nach Deutschland gelockt. Als uns dann ein unschlagbares Angebot für unser Haus in Brighton gemacht wurde, haben wir die Gelegenheit beim Schopf ergriffen und verkauft." Da kam es gerade gelegen, dass der Landgasthof gepachtet werden konnte. "Ich könnte mir niemals vorstellen irgendwo in einem Angestelltenverhältnis zu arbeiten. Auch wenn hier sicher nicht alles gut angelaufen ist!" Eine Spur von englischem Frühstück bekamen wir durch die frisch gebackenen Pfannkuchen, die uns serviert werden und über die sich nicht nur die Kinder sofort hermachten.

Gut gestärkt machten wir uns dann auf den Weg zur vorletzten Etappe bis Oberstdorf. Es war wieder heiß und wir waren froh, früh auf den Rädern zu sitzen. Glücklicherweise führte der meiste Teil des Weges zunächst an der Iller entlang im Schatten der Bäume. "Die Strecke nach Kempten

248

ist nicht ohne!" hatte uns die Gastwirtin schon vorgewarnt. "Manch Gast, der nach der Strecke hier eingekehrt ist, hat ganz schön über die Steigungen gestöhnt." Tatsächlich: nach etwa zehn Kilometern erwartete uns der erste Berg! Bei einer Steigung von knapp zwanzig Prozent war die Entscheidung bald klar: wir mussten schieben! Zum Glück war die steile Strecke nicht zu lang. Als wir den Hügel wieder hinunterfuhren und aus dem Wald auf die vor uns liegende Landschaft blicken konnten wurden, wurden wir mit dem ersten Blick auf die Berge belohnt. Wahnsinn! Unser Ziel lag in Sichtweite! Ein unglaubliches Gefühl! Die Strecke führte nun weiter durch die hügelige Landschaft. Vorbei an weidenden Kühen, deren Glockengeläut uns deutlich machte, dass wir im Allgäu angekommen waren. Immer wieder gab es steile Passagen, die uns zum Schieben zwangen. In der immer stärker brennenden Sonne wurde es richtig anstrengend.

"Illerdurchbruch" zeigte uns ein Hinweisschild am Wegesrand. "Da sollten wir eigentlich mal hinfahren!" rief ich. Schnurstracks bogen wir vom Weg ab und fuhren auf eine Lichtung zu. Die Wiese endete an der Abbruchkante der Iller. Hier am Zaun stehend hatte man einen wunderbaren Blick auf die Iller, die sich hier einen Weg durch die Gesteinsmassen gebahnt und so einen etwa siebzig Meter hohen Canyon geschaffen hat. Ebenfalls auf der Wiese stand ein kleiner Rundturm als Rest der Burgruine Kalden. Auf diesem idyllischen Fleckchen Erde beschlossen wir sofort, unsere Mittagspause zu machen. "Ein komischer Spielplatz!" war Nils erster Kommentar beim Aussteigen. Tja, die übliche Rutsche, Schaukel und sonstigen Spielgeräte fehlten. Aber genug Anregungen zum Spielen hatte er hier allemal. Die Burgruine war für ihn eine spannende Spielhöhle.

Unterdessen überlegten wir, wie wir unseren neuen Etappenerfolg dokumentieren konnten. Kurz hinter Buxheim hatten wir die Kilometerzahl 1500 erreicht. Da die Kinder zu dem Zeitpunkt gerade eingeschlafen waren, wollten wir nicht riskieren, dass sie beim Fotografieren wieder aufwachen würden. Die Aktion wollten wir also auf die Mittagspause verlegen. Hier hatten wir allerdings keinen guten Untergrund für unsere "Zahl", da wir uns bekanntlich auf einer großen Wiese befanden. Volker fackelte allerdings nicht lange und malte kurzerhand mit Rasierschaum die Zahl mitten auf den Rasen. Als wir gerade hin und her überlegt hatten, wie wir die Kamera mit Selbstauslöser ausrichten, um uns, die Räder und die Zahl auf ein Bild zu bekommen, kam ein Pärchen auf die Wiese geradelt. Sie schienen sich nicht zu wundern, was wir da für eine Sauerei machten, sondern boten sich direkt an, uns zu fotografieren. Natürlich kamen wir ins Gespräch. "Wir radeln selbst auch unheimlich viel in unseren Urlauben. Deutschland ist ein wunderschönes Land zum Radfahren" erzählte er. "Den Rhein bin ich auch schon komplett geradelt. Die Strecke ist tatsächlich nicht sonderlich reizvoll, da muss ich Ihrer Frau recht geben." lachte er, als ich ihm von der Entstehungsge-schichte unserer Tour erzählte. "Was hingegen wunder-schön ist, ist der Rheintalradweg in der Schweiz von Andermatt bis zum Bodensee. Das solltet ihr euch mal vor-nehmen!" So tauschten wir Erfahrungen und Erlebnisse auf, bis die Frau zum Aufbruch drängte. "Komm, wir wollen heute noch nach Oberstdorf!" Von Ulm kommend hatten sie eine Tour nach Oberstdorf bis zum Bodensee und wieder zurück nach Ulm geplant. Es wurde ein herzlicher Ab-schied. Und während wir es uns noch auf der Wiese be-quem machten, schwangen sich die beiden in der Mittagshitze wieder auf ihre Räder.

die 1500-Kilometer-Marke

Nach der ausgiebigen Pause machten wir uns schließlich auch wieder auf den Weg - die letzten sechzehn Kilometer nach Kempten standen noch auf dem Programm. Die Sonne brannte heiß auf uns nieder, was die letzten Kilometer wieder zu einer anstrengenden Etappe machte. Ein paar Höhenmeter lagen noch vor uns, das meiste hatten wir allerdings schon geschafft. Als die Stadt Kempten in Sicht war, waren wir unglaublich froh, unser Ziel für heute erreicht zu haben. In Kempten mussten wir allerdings noch auf die andere Seite der Stadt radeln, da sich dort unsere heutige Unterkunft befand. In der JUFA Kempten hatten wir uns ein Zimmer reserviert. Uns erwartete eine hochmoderne Jugendherberge, die ihren Ursprung im Jugendherbergsverband Österreich hat. "Das hat ja eher was von

252

einem All-inclusive-Hotel als von einer Jugendherberge!" begeisterten wir uns. Zwar kleine aber modern ausgestattete Zimmer mit Fernseher und Zimmerservice, Balkon mit Blick auf den Innenhof. Dort befand sich zur Freude unserer Kinder ein großer Sandkasten und einige Spielgeräte. Was aber noch besser war, war das dahinter gelegene Freibad, welches man als JUFA Gast kostenlos benutzen durfte. Die Entscheidung des Nachmittagsprogramms stand damit fest: so durchgeschwitzt und aufgeheizt vom Radfahren freuten wir uns auf eine Abkühlung im Freibad. Mit Matschanlage, Abenteuerspielplatz und großem Kleinkindbecken war es auch genau das Richtige für uns. Dann noch ein Eis - der Nachmittag hätte nicht besser sein können!

Auch das Abendessen, das in der JUFA angeboten wurde, konnte sich sehen lassen. "Mein Bauch ist ganz schön voll!" stöhnte Nils, nachdem er zum Nachtisch dreimal Schokopudding nachgenommen hatte. Zur Verdauung konnten sich die Kinder noch im Spielzimmer ein wenig austoben, bis wir alle müde in das Zimmer gingen. Während Johanna direkt einschlief, turnte Nils noch bis spät in die Nacht durch das Bett. Der Zuckerflash durch den Schokoladenpudding ließ ihn nicht zur Ruhe kommen. "Ok, morgen gibt es keine Schokolade oder ähnliches zum

Nachtisch!" stöhnten wir, bis wir schließlich zu dritt, kreuz und quer auf dem Doppelbett verteilt, einschliefen.

Fazit des Tages: Rasierschaum gibt auf Gras eine schöne Schrift, aber eine Überdosis Schokopudding keinen ruhigen Abend.

Das erste Ziel

13. Juni: Kempten – Oberstdorf
Etappe: 45,4km
Fahrtzeit: 2h 35min

Berit: "Die vorerst letzte Etappe!" Heute packten wir unsere Sachen zum letzten Mal für die eigentliche Fahrradtour. Heute würden wir Oberstdorf erreichen. Damit hätten wir unser erstes Ziel der Tour erreicht. Alles, was danach käme, wäre nur noch ein Bonus obendrauf. Natürlich wollten wir noch den südlichsten Punkt Deutschlands erreichen oder zumindest den südlichsten mit dem Fahrrad erreichbaren Punkt Deutschlands. Aber Oberstdorf zu erreichen war schon mal ein Riesenerfolg. Und unsere Tour wäre damit tatsächlich vorbei. Das tägliche Packen, Kinder fertig machen, Räder satteln und losfahren, die tägliche Etappe, das Pausenplatz suchen und die Mittagspause auf den Spielplätzen - alles, was in den letzten zwei Monaten für uns Alltag geworden ist. In Oberstdorf würden wir fünf Tage in einer Ferienwohnung ausruhen, um dann den letzten Weg nach Einödsbach anzugehen. Wenn alles passte, würden wir von da aus zum Haldenwanger Eck, dem südlichsten Punkt Deutschlands wandern. Einerseits freuten wir uns riesig, auf der anderen Seite schwang eine große

Portion Wehmut mit. Unsere große Reise neigte sich dem Ende zu.

"Ich habe keine Lust mehr, Fahrrad zu fahren!" tönte es aus dem Anhänger, als wir die Kinder gerade angeschnallt hatten." Volker und ich schauten uns an und uns war klar: es ist auch Zeit, dass die Tour ein Ende nimmt. Die Kinder hatten alles so wunderbar mitgemacht, aber so langsam brauchten sie auch wieder ihren normalen Alltag zurück. Nils ließ sich mit dem üblichen Versprechen, bald einen Spielplatz zu suchen und dann erstmal kein Fahrrad mehr zu fahren, überzeugen, die letzte Etappe in Angriff zu nehmen.

Die halbe Stadt mussten wir nochmal umrunden, um zurück zum Iller Radweg zu gelangen. Zwar war der Radweg teilweise gerade so breit, dass Volker mit dem Anhänger eben noch zwischen Büschen und Gräsern hindurch passte, aber er führte uns wunderschön durch das Allgäu direkt am Fluss entlang. Die Berge kamen uns immer näher und mit jedem Blick, der auf die schneebedeckten Gipfel frei wurde, steigerte sich unsere Vorfreude auf unser Ziel und das Glücksgefühl, tatsächlich hier mit dem Fahrrad angekommen zu sein. "Wie oft bin ich hier schon mit dem Auto durchgefahren..." murmelte Volker. "Ich hätte mir nie träumen lassen, dass ich hier mal mit dem Fahrrad ankomme!".

Sowieso war es unwirklich und einfach unvorstellbar, dass wir tatsächlich den Weg von Sylt hierher geradelt sein sollten. "Das ist einfach zu groß, das kann man gar nicht fassen!"

Im Allgäu

Ein schöner Biergarten mit Kinderspielplatz lud uns kurz vor Sonthofen zu einer Mittagspause ein. Nils freute sich, da er einen kleinen Trettraktor vorfand und Johanna konnte den Versuch nicht unterlassen, selbst auf eine kleine Rutsche zu klettern. Sie hatte wahnsinnigen Spaß beim Rutschen, wenn man sie obendrauf setzte. Dass man dafür eigentlich erst die Leiter hinaufsteigen musste, hatte sie schnell verstanden oder bei Nils abgeguckt. Sie ärgerte sich wahnsinnig, dass sie es nur selbst nicht schaffte. Beide Kinder verbrauchten auf jeden Fall so viel Energie in der

257

Mittagspause, dass sie bereitwillig für die letzten Kilometer in den Anhänger stiegen.

Kurz vor Oberstdorf gab es dann noch ein kurzes, aber großes Hallo: das nette Pärchen vom Vortag am Illerdurchbruch radelte von Oberstdorf kommend gerade auf uns zu. Als wir das Ortsschild von Oberstdorf erreichten, konnten wir den Jubel nicht mehr aufhalten. Wir hatten es tatsächlich geschafft! Nach knapp 1600 Kilometern waren wir von Sylt ins Allgäu nach Oberstdorf gefahren! Auch Nils konnte sich vor Lachen nicht mehr halten, als er unsere Freudensprünge und Jubelschreie beobachtete. Johanna schaute nur verdattert, als würde sie denken: "Haben die sie nicht mehr alle???". Ein älteres Paar kam vorbei und beobachtete unsere lustige Familie. Als wir ihnen erklärten, warum wir uns so freuten, konnten sie es gar nicht fassen. "Dürfen wir ein Foto von ihnen machen? Da haben wir unseren Freunden und der Familie aber was zu erzählen, wenn wir von unserem Urlaub berichten!" lachten sie.

Oberstdorf erreicht!

Die Schlammlawine

14.Juni: Oberstdorf: Nebelhorn

Volker: In unserer hübschen Ferienwohnung am Orts-
rand von Oberstdorf hatten wir es uns schon gemütlich eingerichtet. Wie schön, mal wieder ein paar Tage eine feste
Bleibe zu haben. Die Kinder flitzten schon über den Flur
und erkundeten jeden Winkel. Da ich schon lange mit der
Bergschule Oase in Oberstdorf zusammenarbeite, hatte ich
hier im Vorfeld zwei Kraksen organisiert, damit eine Wanderung mit den Kindern in die Berge überhaupt stattfinden
konnte. Gleichzeitig konnten wir uns für unsere geplante
Tour zum Haldenwanger Eck noch ein paar hilfreiche Tipps
von den erfahrenen Bergsteigern geben lassen. "Das Wetter-
fenster wird nicht groß sein, wo ihr die Tour machen könnt.
Wenn überhaupt!" zweifelten die Bergführer. "Er hat die
ganze nächste Woche schlecht gemeldet!" Zumindest wussten wir jetzt, bis wohin wir mit dem Fahrrad kämen und
welcher Weg der geeignetste zum Wandern sei. "Nehmt
besser auch diese großen Regenschirme mit!" rieten sie.
"Dann könnt ihr eure Kinder gut schützen, wenn es zu einem Schauer kommt.

Diese standen nun in unserer Wohnung und wurden von den Kindern neugierig beäugt. Es war eine Weile her, dass Nils in einer Krakse getragen wurde, und Johanna hatte in ihrem jungen Leben noch nie das Vergnügen gehabt. Also hieß es Probesitzen und Einstellen auf die richtigen Größen. Es war ein Lachen und Jauchzen als wir unsere Kinder schulterten und in der Wohnung herumtrugen. Jetzt hieß: raus in die Natur, Berge genießen und leichte Wanderungen mit den Kindern üben.

"Ich will auch Gondel fahren!" rief Nils begeistert, als wir an der Seilbahnstation zum Nebelhorn standen. "Klar, das machen wir!" beruhigten wir ihn. Ein bisschen mulmig war ihm dann schon als wir zu viert mit den Kraksen schnell in eine leere Gondel hüpften. Als es dann aber den Berg hinauf ging, beobachtete er alles ganz genau. Das Nebelhorn lag seinem Namen gerecht werdend im Nebel, so dass wir uns mit der Mittelstation begnügten und den dortigen Spielplatz in Angriff nahmen. Eine kleine Wander-Tour wurde es dann auch noch, mit gigantischen Ausblicken über die Bergwelt und ins Tal. Danach hatten wir alle eine Vesper verdient. Besonders Johanna freute sich über die Kaminwurze, die bald auf unseren Tellern lagen. Noch nicht alle

Zähne im Mund, aber die härteste Wurst überlebte bei ihr trotzdem nicht lange.

Als wir wieder die Rückfahrt antraten, wartete an der Talstation eine Überraschung auf uns. Meine beste Freundin Janina und ihr Mann Sven hatten sich extra von München aus auf den Weg gemacht, um uns zu treffen. Was für eine Freude! Zunächst zog es uns in ein schönes Gasthaus, wo wir bei Kaffee und Eis und Kuchen zusammensaßen und Zeit zum Erzählen hatten. Für die Kinder gab es dort einen kleinen Spielplatz, so dass sie auch auf ihre Kosten kamen. Da Janina und Sven Ende des Jahres auch Nachwuchs erwarteten, waren sie natürlich gespannt auf unsere Berichte. "Klappt das Radreisen mit Kindern gut?" "Was habt ihr für Erfahrungen mit den Übernachtungsplätzen gemacht?" Die beiden waren genauso abenteuerlustig wie wir und hatten auch nicht die Absicht, sich als Familie mit Kind darin einschränken zu lassen.

"Es zieht sich am Himmel ganz schön finster zusammen!" fiel Sven auf einmal auf. "Vielleicht machen wir uns besser auf den Weg zu eurer Wohnung, bevor es zu regnen anfängt." Kaum hatten wir bezahlt, ging es auch schon los. "Wir sind zu Fuß, da machen uns jetzt direkt auf den Weg- wir treffen uns an der Wohnung!" rief ich, während Janina und Sven zu ihrem Auto steuerten. Ohne Kindersitze hatten wir da sowieso nicht alle Platz. Doch der bald darauf einsetzende Sturzregen ließ uns nicht weit kommen. Unter dem nächsten Vordach suchten wir Schutz, als die Wassermassen niederprasselten. Ein Hupen ließ uns aufblicken. "Berit, komm mit den Kindern schnell in den Wagen" hörte ich Janina rufen. Wir überlegten nicht lange. Berit quetschte sich mit den Kindern in das Auto, während ich im Regen den Weg zur Wohnung fortsetzte.

Die anderen einigermaßen trocken - ich pitschnass erreichten wir alle wohlbehalten die Wohnung. Im Warmen und Trockenen wurde es ein gemütlicher Abend bei Brezeln und Weißwurst.

Zwar konnten wir uns nur schwer voneinander trennen, aber für Janina und Sven war es bald auch Zeit zum Aufbruch. "Wir warten nur noch den schlimmsten Regen ab, dann machen wir uns auf den Heimweg." verkündeten sie. Später stellte sich heraus, dass dies ein weiser Plan gewesen war. Während wir gemütlich in der Wohnung saßen, war es in Oberstdorf an einigen Berghängen zu gewaltigen Erdrutschen gekommen. Kleine Rinnsale hatten sich in reißende Bäche verwandelt und Muren bahnten sich ihren zerstörerischen Weg durch Teile von Oberstdorf. Eine riesige Schlammlawine war auf ein Wohngebiet hinunter gerauscht, so dass 500 Menschen vorübergehend evakuiert werden mussten. "Gut, dass wir unser Auto zu euch an die Wohnung gestellt haben!" sagte Janina am Telefon, als wir nachhörten, ob sie gut auf den Heimweg gekommen seien. "Das wäre jetzt unter den Schlammmassen begraben gewesen."

Wandern

17. Juni: Söllereck

Berit: Das Allgäu ist ein traumhaftes Wandergebiet und hat für alle etwas zu bieten. Auch wanderwütige Eltern kommen mit kleinen Kindern auf ihre Kosten - gibt es hier doch zahlreiche Familienwanderwege, die teilweise auch Kinderwagen-geeignet sind. Um unsere Kinder weiter mit der Bergwelt vertraut zu machen, hatten wir uns für heute das Söllereck ausgesucht. Dies ist ein auf 1400 Meter gelegenes familienfreundliches und umweltbewusstes Wandergebiet mit traumhaften Wanderwegen und großartigem Alpenpanorama. Der Bus brachte uns zur Seilbahnstation, wo wir bequem das Wandergebiet erreichten. Allerdings war dort direkt ein großer Spielplatz, der die Kinder in ihren Bann zog. Nur mit großer Überredungskraft konnten wir Nils dazu bringen, unseren geplanten Wanderweg einzuschlagen. "Da kommen wir gleich zu einem Bauernhof!" versprachen wir ihm. Die Schrattenwanger Alpe war nur ein paar Hundert Meter von der Seilbahnstation entfernt. "Dort sehen wir sicher ein paar Kühe." Schweren Herzens ließ Nils den Spielplatz links liegen und stieg in die Krakse. Tatsächlich dauerte es nur eine knappe halbe Stunde, bis wir die Alpe erreicht hatten. "Wo sind die Kühe?" wollte Nils sofort wissen. Als wir unsere Entdeckungsreise auf der kleinen Alpe begannen, kam uns auch schon der Senner entgegen. "Suchst du die Kühe?" fragte er freundlich. "Ich heiße Alfred und bin hier der Senner!" Nils schaute mit großen Augen. "Die Kühe sind auf den Weiden. Sie dürfen hier den ganzen Tag auf den Wiesen herumlaufen, wie sie Lust haben." Jeden Morgen um sechs Uhr kämen die Kühe von selbst von den Alpweiden zum Melken in den Stall, erklärte uns der Senner. Bis dahin habe der Senner bereits die Sennküche zum Käsen vorbereitet. Die abgerahmte Milch komme in den Kessel und der Käse vom Vortag in den Keller. "Mit der Milch machen wir unsere Spezialitäten. Um elf Uhr sind wir mit dem Käsen schon fertig." erzählte der Mann unserem Sohn. "Wenn du also beim Käsen zuschauen möchtest, musst du mit der ersten Bahn morgens um neun Uhr zu uns kommen. Jeden Sommer weiden auf der Schrattenwanger Alpe zwanzig Milchkühe und ein Stier. Die Milch der Kühe wird zu Käse, Butter, Quark und Joghurt verarbeitet."

Wir trennten uns von dem netten Senner und seiner Alpe und setzten unsere Wanderung fort. Die Aussicht auf die Allgäuer Bergwelt nahm uns mal wieder in seinen Bann. Die Kinder interessierte das herzlich wenig. "Wir wollen zum Spielplatz!" quengelte Nils. "Lass es uns ruhig angehen!" meinte Volker. "Wir müssen heute keine große Wanderung vom Zaun brechen und die Kinder überstrapazieren! Lass uns lieber das schöne Wetter und die Berge genießen. Komm wir gehen zum Spielplatz!"

Nach unserem Ausflug zum Söllereck belohnten wir uns am Nachmittag mit einem großen Eis in Oberstdorf. Zwar hatte die Aussicht auf das Eis Nils Kräfte gestärkt, allerdings war er dann doch auf dem Weg in der Krakse eingeschlafen. So saßen Volker und ich entspannt bei Eiskaffee in der Sonne, während unsere zwei Kinder selig schliefen. In wenigen Minuten würde uns ein spontaner Besuch erreichen. Mein Bruder Till hatte unsere Tour zum Anlass genommen, uns einen Besuch abzustatten. Er wohnte zurzeit in der Schweiz in St. Gallen. Eigentlich hatte er vorgehabt, uns ein paar Tage auf dem Rad zu begleiten. Nun waren wir im Zeitplan deutlich schneller gewesen und seine freien Tage fielen auf unsere "Pausenzeit" im Allgäu. "Wisst ihr was - dann komme ich einfach zu euch mit dem Rad! Wenn ihr schon nicht mit mir radelt." lachte Till beim letzten Gespräch. "Mit dem Rad von St. Gallen?" waren wir verwundert. "Das sind sicher 100 Kilometer! Das schaffst du doch nie in der kurzen Zeit". "Lasst mich nur machen!" erklärte Till, "ich bin am Samstagnachmittag bei euch! Sagt mir nur,

ob der Radweg von Kempten nach Oberstdorf rennradge-
eignet ist." Wir entschieden uns für das Mountainbike und
freuten uns gespannt auf unser Treffen.

Und so kam wenig später mein Bruder um die Ecke zum
Eiscafé geradelt. Schwitzend nahm er seinen Helm ab. "Jetzt
brauche ich erstmal einen großen Eisbecher!" rief er nach
unserer herzlichen Begrüßung. "Wie hast du es denn jetzt
so schnell hierhin geschafft?" fragten wir verwundert. "Mit
sämtlichen Verkehrsmitteln." lachte Till. "Ich bin in der
Früh mit dem Rad zum Bodensee geradelt und dann mit
dem Boot nach Lindau übergesetzt. Dort bin ich in den Zug
gestiegen und nach Kempten gefahren. Den Rest bin ich
wieder geradelt!"

Es wurde ein schöner und unterhaltsamer Abend. Die
Kinder genossen den unerwarteten Besuch ihres Onkels,
der zum Vorlesen und Spielen herhalten musste. In der Zeit
konnten wir in Ruhe die Taschen packen, die Ferienwohnung aufräumen und die Kleidung für den nächsten Tag
herauslegen. Den Tag über hatten wir überlegt, was die
beste Strategie für die letzte Tour unserer Reise sein könnte.
Das Wetter war für die nächsten Tage nicht gut vorherge-
sagt. Für den übernächsten Tag war es besonders schlecht
gemeldet worden. "Wir versuchen morgen so früh wie
möglich loszukommen. Je nachdem wie das Wetter dann

vor Ort ist, können wir ja versuchen, noch am Nachmittag zum Grenzstein zu kommen." nahmen wir uns vor. Der eigentliche Plan war, zunächst von Oberstdorf nach Einödsbach zu radeln, um am folgenden Tag die Wanderung zum südlichsten Punkt Deutschlands in Angriff zu nehmen. Von vielen Seiten hatten wir inzwischen Tipps für die Tour bekommen. Hier war alles mit dabei und die Tipps reichten von: "Da radelt ihr einfach das Tal rauf, bis es nicht weitergeht. Von der letzten Hütte seid ihr in einer halben Stunde oben" bis "Oha, das zieht sich ganz schön. Es hat steile Passagen, der Weg kann sehr matschig sein und viele Schneefelder haben!".

Steffi von der Bergschule Oase hatte da einfach praktisch gedacht: "Ich gebe euch auf jeden Fall ein Paar Schirme mit. Dann bleiben die Kinder in den Kraksen schön trocken, falls ihr im Regen unterwegs seid."

"So, ab ins Bett, groß und klein!" mahnte Volker nach einer Weile. "Wir haben morgen viel vor!". Nach Einödsbach war es zwar kilometermäßig keine lange Strecke, jedoch waren die Höhenmeter nicht zu unterschätzen.

Kurz vorm Ziel und noch nicht da

18. Juni: Oberstdorf – Einödsbach
Etappe: 21,6km
Fahrtzeit: 2h 22min

Volker: Am Morgen wurden nach dem Frühstück Brote geschmiert und ein letzter Blick auf den Wetterbericht geworfen. "Heute das noch zu schaffen könnte knapp werden!" zweifelte unsere Vermieterin an unserem Plan, als wir uns verabschiedeten. "Vielleicht wird's morgen doch besser..."

Kurz nach neun Uhr war alles zur Abfahrt bereit. Als kleiner Unterschied zu den vorherigen Radtouren hatten wir jetzt noch die Kraksen auf dem Rücken und Wanderschuhe an den Füßen. Bequemer wurde das Radeln so nicht, aber es funktionierte ganz gut. Nach dem Abschied von Berits Bruder bogen wir auf den Radweg ins Stillachtal ein. Ein wunderschöner Weg umrahmt von den hohen Bergen direkt an der rauschenden Stillach. Zunächst ging es nur mäßig bergauf, so dass wir zwar nicht schnell, aber trotzdem gut vorankamen. Vorbei ging es an der Fellhornbahn, von wo aus der Weg weiter ins enger werdende Tal hinauf führte. Ab hier war der Autoverkehr nur noch Anwohnern erlaubt. Trotzdem kamen uns ab und zu ein paar Autos, vor allem aber Waldarbeitsfahrzeuge entgegen. Auf dem engen und kurvigen Weg war das manchmal ein unangenehmes Unterfangen. An einer Verzweigung mussten wir uns dann entscheiden. Rechts ging es weiter ins Tal hinein Richtung Haldenwanger Eck, links rauf zum Gasthof Einödsbach. "Wir bringen erstmal Gepäck und Fahrradanhänger zum Gasthof." entschieden wir. "Dann schauen wir, ob wir überhaupt noch rausgehen. Und wenn, ob wir ein Stück radeln oder ganz zu Fuß gehen." Der Weg wurde nun allerdings so steil, dass wir nicht mehr fahren konnten. Mit vereinten Kräften schoben wir unsere Räder den steilen Schotterweg über zwei Kilometer Schritt für Schritt den Berg hinauf. "Wenn wir uns entscheiden, mit den Rädern weiter ins Tal zu fahren, müssen wir diesen Weg wieder bis zur Kreuzung zurück. Das bedeutet auf dem Heimweg dieselbe Plackerei wie jetzt" stöhnte ich. "Vielleicht nehmen wir doch den kürzeren Weg und gehen von Einödsbach direkt zu Fuß..." Das Wetter schien im Moment stabil zu sein. Die Wolken ließen ab und zu die Sonne durchblicken. "Vielleicht hält es sich ja doch noch den ganzen Tag!" hofften wir.

"Es ist auf jeden Fall Regen gemeldet!" berichtete uns die Besitzerin des Gasthofs bei unserer Ankunft. "Aber ob das heute Nachmittag oder erst am Abend kommt, ist nicht sicher. Morgen allerdings hat er schlecht gemeldet." Wir waren uns alle einig, dass wir die Gelegenheit am Schopfe zu packen mussten und die Wanderung direkt versuchen mussten. Es hieß also, direkt wieder aufzubrechen. "Zu Fuß seid ihr sehr lang unterwegs!" warnte uns die Gastwirtin. "Fahrt mit dem Rad soweit es geht das Tal hinauf. Dann seid ihr auch auf dem Rückweg wieder schneller zurück."

Wir hielten uns an ihren Rat. Das Zimmer wurde schnell bezogen, die Windeln gewechselt, die Kraksen mit dem Tagesgepäck beladen und schon schwangen wir uns wieder auf die Fahrräder. Die Kinder machten super mit. Nils hatte bei Ankunft in der Herberge sein traditionelles Gummibärchen bekommen. Er fragte nur interessiert: "Fahren wir noch weiter Fahrrad?" während er sich das nächste Gummibärchen in den Mund schob. Johanna schaute etwas verdutzt, als sie nach der sehr kurz ausgefallenen Pause wieder in den Anhänger gesetzt wurde. Genüsslich nahm sie ihren Schnuller wieder in den Mund und freute sich, als Nils neben ihr Platz nahm.

Den schönen steilen Anstieg rasten wir schnell wieder hinunter, nach der Abzweigung ging es dann aber sofort wieder steil bergauf. Eine Kehre nach der anderen brachte uns ganz schön ins Schwitzen, auch wenn wir nicht mehr schwer beladen unterwegs waren.

Der Weg zog sich und zog sich. Landschaftlich war es wunderschön: die schneebeladenen Gipfel der Berge hatten wir direkt im Blick, als wir Kilometer um Kilometer vorwärts strampelten. Bald fing es schon an, ein wenig an zu tröpfeln. Als wir kurz nach zwölf Uhr die schwarze Hütte erreichten, beschlossen wir, Mittagspause zu machen. "Erstmal verschnaufen und etwas essen. Dann entscheiden wir, ob wir weiterfahren könnten."

"Auch die Kinder dürfen ihre Brotzeit nicht in der Hütte essen!" fauchte uns die Gastwirtin der schwarzen Hütte an, als wir vorsichtig nachfragten. Also setzten wir uns mit unseren Broten nach draußen. Der Himmel zog sich etwas dunkler zu und es setzte erneut ein leichter Regen ein. "Zu Fuß sind es sicher noch 2,5 Stunden bis zum Grenzstein." erfuhren wir von der Wirtin. Ein Blick auf die Karte zeigte uns, dass es auch mit dem Rad noch eine Weile zu fahren sein würde. Ein holländisches Pärchen kam auf Mountainbikes aus der Richtung Haldenwanger Eck zur Schwarzen Hütte gefahren. "Der Weg ist sehr steil und matschig!" berichteten sie. "auf 1600 Meter Höhe sind wir umgekehrt." Diese Aussage, der Regen, die fortgeschrittene Uhrzeit... das sprach alles nicht dafür, unseren Weg zum Grenzstein heute fortzusetzen. Wir entschieden, hier kehrt zu machen. Als Familie mit zwei kleinen Kindern waren wir noch weniger bereit, irgendwelche Risiken einzugehen. "Vielleicht ist das hier der südlichste Punkt, den wir auf unserer Tour erreicht haben!" dachte ich melancholisch und sicherheitshalber machten wir ein Beweisfoto mit der bis hierhin gefahrenen Kilometerzahl. "1607 Kilometer!" eine beachtliche Summe, auf die wir stolz sein konnten. Ein bisschen schade wäre es schon, wenn unsere Tour hier im Nieselregen an der Hütte mit der unfreundlichen Frau enden würde. "Aber dann ist das eben so!" entschieden wir und schwangen uns wieder auf die Fahrräder. "Lass uns die Räder auf der Buchrainer Alpe abstellen!" kam mir die Idee. "Von dort sind es vielleicht 10-20 Minuten bis nach Einödsbach zu laufen und wir sparen uns die Fahrerei auf der Fahrstraße. Vor allem aber das Hochschieben der Räder zum Gasthof!". "Und sollte das Wetter es zulassen, haben wir morgen eine kürzere Strecke zu fahren, wenn wir es nochmal versuchen sollten zum Grenzstein zu kommen." warf Berit ein.

Die Buchrainer Alpe lag ein paar Meter oberhalb der kleinen Brücke, die über die Stillach nach Einödsbach führte. Ganz klein, nur ein paar Tische draußen auf der Wiese lag die Hütte direkt an einem Stall. Hinter der Hütte weideten gemütlich die Kühe, deren Glocken leise bei ihren Bewegungen läuteten.

"Sicher könnt ihr die Fahrräder bei uns abstellen, wir können sie nur nicht reinnehmen. Dafür ist in der Hütte kein Platz!" sagte uns die Hüttenwirtin. "Aber unter dem Vordach müsste es gehen." Nils sprang schon begeistert mit seinen Gummistiefeln auf dem Gelände herum, als er plötzlich aufschrie: "Mama! Oh-oh! Der Reifen ist kaputt!" Er zeigte aufgeregt mit seinem Finger auf das Hinterrad des Fahrradanhängers. Tatsächlich! Das linke Hinterrad hatte einen Platten. Nach über 1600 Kilometern hatte der Schlauch den Geist aufgegeben. "Gut, dass das hier und nicht an der schwarzen Hütte passiert ist." dachte ich erleichtert. "Da hätten wir den ganzen Weg bis hierher die Räder schieben dürfen!" Und nochmal waren wir froh, dass wir uns zur Umkehr entschieden hatten.

Da es aufgehört hatte zu regnen, gönnten wir uns bei der netten Familie auf der Alpe eine Pause. Nils hatte zwei kleine Trettraktoren entdeckt und war sowieso nicht von hier wieder wegzubewegen. Johanna freute sich auch, dass sie sich an der großen Holzbank entlang hangeln konnte und kleine Steine hochlegen und wieder runterwerfen konnte. Wir kamen mit der Wirtin ins Gespräch. "Wir kommen jetzt den 16. Sommer hierher!" erzählte sie. "Ab Mai fangen wir an, die Alpe hier zu bewirtschaften. Im Juni kommen die Kühe und dann wohnen wir auch die ganze

Zeit hier. Im September gehen die Kühe wieder ins Tal. Wir selbst bleiben meist bis Oktober hier." Den Rest des Jahres wohnten sie mit den drei Kindern in Oberstdorf. "Im Sommer sind wir höchstens mal unten, um zu waschen" erzählte sie. Ihr Mann hatte mit seinem Arbeitgeber die Abmachung, dass er seine Elternzeit auf die Sommermonate aufteilte. "So können wir den Sommer mit der ganzen Familie hier wohnen." lachte sie. Wir waren begeistert und fasziniert. "Der Tag hier oben beginnt sehr zeitig, da die Kühe gemolken werden müssen." Aus der Milch stellten sie vor allem eigenen Käse her. "Da kommt in einem Jahr so circa eine Tonne Käse zusammen!" erzählte die Frau. Abgeben an Großkunden würden sie ihn aber nicht. "Den kann man hier oben bei uns kaufen oder auch im Winter an der Haustür in Oberstdorf. Den Rest essen wir selbst..." grinste sie, während sie den großen Kupferkessel mit heißer Molke auswusch. "Und die Kinder?" fragen wir. "Die finden das doch bestimmt toll hier oben!" "Ja klar!" stimmte sie zu. "Die kennen es doch gar nicht anders. Mein zweiter Sohn ist direkt am Tag nach seiner Geburt mit uns hier hinaufgekommen!" Hier in der Hütte gab es nur ein wenig Strom aus Solarbetrieb, eine Heizung gab es auch nicht. Dafür einen großen gemütlichen Ofen. Die Erzählungen von der Käseherstellung hatten uns neugierig gemacht. Natürlich wollten wir direkt mal probieren und kauften uns ein großes Stück des gereiften Käses vom Vorjahr. "Köstlich!" waren wir uns einig. Auch die Kinder schlugen bei dem kräftigen Käse ordentlich zu. Bald wurde direkt in den Käse gebissen und auch auf das Brot verzichtet, so lecker war er!

Als es wieder leicht zu nieseln anfing, wurden wir unruhig. "Lass uns aufbrechen!" drängte Volker. Wir packten alles, was wir brauchten, zusammen, montierten den platten Reifen ab und setzten die Kinder in die Kraksen. Über die Brücke und durch einen steinigen Waldweg waren wir tatsächlich schnell zurück in Einödsbach.

Mit dem platten Reifen wieder zurück nach Einödsbach

Im Zimmer wurde der Reifen repariert und wir genossen eine heiße Dusche nach der Wanderung in dem nasskalten Wetter. Die Kinder flitzen wie die Irren über den langen Flug im Gasthaus. Sie hatten noch Bewegungsdrang und wir waren froh, dass hier so viel Platz war.

"Den Wetterbericht für morgen sage ich euch jetzt lieber nicht!" meinte der Gastwirt von Einödsbach auf unser Nachfragen. "Da gibts lieber morgen einen aktuellen, sonst könnt ihr nicht gut schlafen!" Das verhieß nichts Gutes.

Ein wenig enttäuscht lagen wir abends im Bett. "Wir haben es so weit geschafft! Einödsbach war ja als südlichste bewohnte Siedlung schon unser Ziel!" tröstete mich Berit. "Der Grenzstein wäre halt das i-Tüpfelchen gewesen!" Wenn das Wetter nicht mitmachte, war es eben so. "Ja klar!" stimmte ich zu. "Der Grenzstein ist ja auch nicht aus der Welt. Ist halt schade, wenn man mit dem Gefühl nach Hause fährt, dass noch was offen ist!" Über eins wurden wir uns an diesem Abend noch einig: wenn das Wetter mitspielen sollte, würden wir am nächsten Tag einen letzten Versuch starten. "Und dann beenden wir die Tour. Wenn wir es nicht schaffen, dann bleibt es dabei und wir werden keine weiteren Bestrebungen von der Sonnenklause aus unternehmen, hierher zu kommen. Das wird alles zu kompliziert. Es wird auch keiner von uns allein da hinauf gehen.

Entweder wir schaffen es alle zusammen oder es bleibt bei diesem Ende. Wir sind als Familie gefahren und beenden die Tour auch zusammen als Familie. Und mit den Kids wird kein Risiko eingegangen!"

Grenzstein 147

19. Juni: Einödsbach - Grenzstein 147

Wanderung: 9,4km

Zeit: 3h 06min

Berit: Heute morgen war Volker der Erste, der aus dem Bett sprang. Noch vor den Kindern trieb es ihn aus den Federn, um einen Blick aus dem Fenster zu riskieren. Ich hatte noch nicht mal die Augen auf, als ich ihn begeistert rufen hörte: "Das könnte passen! Es regnet nicht mehr und es hat aufgezogen! Vielleicht können wir es heute tatsächlich noch einmal probieren!" Schlagartig waren alle wach! Ein bisschen kribbelig waren wir beide schon - das musste man zugeben. Wenn es heute nicht funktionierte, dann würden wir die Tour ohne Grenzstein beenden. Das war klar.

Beim Frühstück begrüßte uns die Hausherrin fröhlich: "Laut Wetterbericht hat sich die schlechte Prognose wieder verschoben. Heute kommt wohl auch mal die Sonne durch, ab morgen gibt es nur noch Regen!" Sollte uns der Wettergott tatsächlich hold sein? Nach einem ausgiebigen Frühstück packten wir wieder unsere Sachen für die Tour zusammen. "Genug warme Kleidung für die Kinder ist wichtig!" Wenn sie bei der Wanderung längere Zeit in den Kraksen sitzen müssten, würden sie warm angezogen sein müssen. "Und vergiss die Regenschirme nicht!" mahnte Volker.

"Was machen wir denn heute?" fragte Nils. "Jetzt müssen wir erstmal die Fahrräder abholen und den Anhänger reparieren, nicht wahr?" antwortete Volker. Beim Auswechseln des kaputten Schlauches hatte Nils gestern begeistert mitgeholfen. "Und Traktor fahren!" rief er. Ich lachte: "Genau! Dann fahren wir mit den Rädern noch ein kleines Stück. Danach müssen wir zu einem großen Stein wandern!" Die Kinder würden einige Umstiege von Fahrrad zu Krakse und wieder zurück mitmachen müssen. "Was denn für einen Stein?" wunderte sich Nils. "Ein großer Stein!" erklärte ihm Volker. "Und wenn du Glück hast, gibt es dort beim Stein eine Tüte Gummibärchen. Aber den Stein müssen wir erst suchen. Hast du Lust?" So hält man zweijährige Kinder bei Laune, wenn es darum geht ein Ziel beim Wandern zu erreichen. Nils war jedenfalls motiviert, mitzukommen und konnte sich nach einigem Überreden auch wieder von dem kleinen Traktor auf der Buchrainer Alpe lösen.

Der Fahrradanhänger war zum Glück einigermaßen trocken geblieben, obwohl es die ganze Nacht ordentlich geregnet hatte. Die Kraksen auf dem Rücken, die Kinder im Anhänger ging es wieder bergauf Richtung schwarze Hütte. "Lass uns die Straße weiterfahren, soweit es geht.

Wenn es zu steil wird, müssen wir laufen." gab Volker den Plan an. Die schwarze Hütte war schnell erreicht. "Hier haben wir gestern aufgehört - mal sehen, für wie weit es heute reicht!" rief ich motiviert. Pünktlich, kurz hinter der Hütte fing es aber leider wieder leicht an zu regnen. "Lass uns erstmal zur nächsten Hütte fahren. Dann entscheiden wir, was wir machen." rief Volker und trat in die Pedale. Der Weg führte steiler und steiler das Tal hinauf während es immer stärker anfing zu regnen. "Mist!" schimpften wir und radelten so schnell es ging weiter. Zum Glück tauchte bald vor uns eine kleine Holzhütte auf, unter der wir Unterschlupf fanden. Hier arbeiteten ein paar Waldarbeiter und die Hütte war zum Glück geöffnet. So konnten wir den gesamten Fahrradanhänger hineinstellen und unsere schlafenden Kinder waren schön warm und trocken untergebracht. "Jetzt hilft nix als warten!" sagten wir und schauten besorgt zum Himmel. Es hatte sich zugezogen und regnete in Bindfäden.

Hier standen wir also. Ein paar Meter südlich von unserem letzten Umkehrpunkt in einer alten Holzhütte, in der jede Menge Werkzeug, russische Gasflaschen, halb aufgerollte Kabel und Drahtseile herumlagen. "Nicht der kindersicherste Pausenplatz!" schmunzelten wir. Bald kam auch ein leises "Mama" aus dem Kinderanhänger und damit war klar, dass zumindest Johanna wach war. Beim Herausheben der Kleinen war Nils dann auch schlagartig wach. "Wo sind denn wir angekommen?" rätselte er. "Hier machen wir erstmal Pause!" erklärten wir ihm. Für ihn war es spannend hier. Es gab zwei alte Melkschemel, auf die man sich draufsetzen konnte und auch sonst alles mögliche zu entdecken. Nur gut, dass er so verständig war und er das Werkzeug und den Müll nicht anfasste. Mit Johanna war es schwierig, sie wollte natürlich krabbeln. Da das hier nicht möglich war, blieb uns nichts anderes übrig, als Runde um Runde mit ihr an der Hand im Kreis zu gehen. Bald kamen zwei Radler vorbei, die sich ebenfalls kurz unterstellten. "Wir wollen an den Gardasee!" erzählten sie. "Wir lassen uns vom Regen nicht abschrecken. Aber mit Kindern ist das natürlich etwas anderes." Sie bewunderten unsere Kinder, die die ganze Reise schon mitgemacht hatten. Für Nils gab es auch ein Stück Schokolade geschenkt, was für ihn der Himmel auf Erden war. Inzwischen war es halb zwölf und wir entschieden, hier unsere Brotzeit einzulegen. Sollten wir losgehen können, würden wir nicht nochmal zum Essen anhalten müssen. "Kannst du mal den Regen wegzaubern?" baten wir Nils verzweifelt. Es wurde zwar heller, aber es wollte einfach nicht aufhören zu regnen. Nils hatte jetzt etwas zu tun. "Abrakadam Bimm bimm!" und "Zauber

Zauber Zauber Zauber!" Dabei klatschte er unaufhörlich in die Hände. Er war voll in seinem Element. "Regen weg!" rief er. "Hey toll Nils!" rief Volker plötzlich: Es hörte tatsächlich auf zu regnen. Die Kinder bekamen beide nochmal eine frische Windel und dann ergriffen wir unsere einzige Chance. Die Kinder waren in mehreren Bekleidungsschichten regendicht verpackt und wir zogen mit Regenschirmen bewaffnet los: Die Straße zu Fuß weiter rauf.

Wieder setzte leichter Regen ein, aber unter den großen Schirmen waren wir und die Kinder gut geschützt. Johanna war bald eingeschlafen und Nils fing an, ein Kinderlied nach dem anderen zu trällern. Er fand das da hoch oben in der Krakse auf Papas Rücken super. Zu gern wäre er auch selbst gelaufen, aber er ließ sich überzeugen, dass er bei dem rutschigen steilen Weg den besseren Platz in der Krakse hatte. Steil ging es in vielen Serpentinen nach oben. Vorbei an der Speicherhütte wurde der bisher asphaltierte Weg zu einem steinigen Matschweg. Hier hieß es konzentriert zu laufen, um nicht auszurutschen. Teilweise führte der Weg über kleine rauschende Bäche und teilweise waren wir vollkommen in Wolken gehüllt im Nebel unterwegs. Frohen Mutes, unser Ziel vielleicht doch noch erreichen zu können, gingen wir weiter voran. Leider war der Grenzstein auf keinem der Hinweisschilder ausgeschildert.

Ein Glück, dass wir von der Bergschule eine detaillierte Karte bekommen hatten, so dass wir immer den richtigen Wanderweg einschlagen konnten. Auf einmal tauchte vor uns eine kleine steinerne Hütte auf. "Das müsste die Trifthütte sein!" rief Volker. "Von hier dürfte es eigentlich nicht mehr so weit sein." Im Nebel zu wandern, lässt einen immer das Zeit- und Ortsgefühl etwas verlieren. Wir gingen durch hohe Wiesen und matschige Wanderwege. Als wir schließlich eine Ebene erreicht hatten, lichtete sich der Nebel und machte den Blick frei auf die Umgebung. "Wo ist denn dieser verdammte Stein?" murmelte ich vor mich hin. "Hier geht der Weg weiter!" rief Volker. Wir standen vor einem größeren steilen Geröllfeld, die Markierungen des Wanderweges führten geradeaus hier hoch. "Das müsste der letzte Anstieg vor dem Grenzstein sein. So stand es in mehreren Berichten beschrieben." Es wurde ein kleinere Kraxelei, die aber zum Glück nicht so lang und auch mit Kindern auf dem Rücken gut machbar war. Und da war er dann: ich war ein paar Meter hinter Volker und hörte nur einen lauten Freudenschrei! Der Grenzstein 147! Das Ziel unserer Reise! Am Vortag hatten wir fast schon nicht mehr daran geglaubt, ihn wirklich zu erreichen und jetzt waren wir hier! Es war ein überwältigendes Gefühl. Auf einer kleinen Bergkuppe stand er, ganz unscheinbar und zeigte die Grenze unseres Landes zu Österreich an. Da hier nicht viel Platz war und es an allen Seiten nur bergab ging, ließen wir die Kinder in den Kraksen sitzen. "Jetzt müssen wir mal nachschauen, Nils." sagte Volker. "Ob hier an dem Stein wirklich Gummibärchen versteckt sind!" Nils machte große Augen, als Volker tatsächlich hinter dem Stein eine kleine Tüte Gummibärchen "hervorzauberte". Glücklich verschlang er sie in der Krakse sitzend. Dann gab es noch für alle eine Packung Schokoladenkekse und etwas zu trinken. Von dem Sekt, den wir zum Anstoßen mitgenommen hatten, tranken wir beide nur ein winziges Schlückchen. Schließlich hatten wir noch einen anstrengenden Abstieg vor uns, auf dem wir volle Konzentration brauchten.

Was feierten wir ausgelassen! Nils lachte laut über uns und Johanna wusste überhaupt nicht was los war. Genau in dem Moment, als wir uns für unser "Gipfelfoto" positionierten, kam auch noch die Sonne hervor! Was für ein bewegender Moment. Vor lauter Euphorie vergaßen wir komplett, den mitgebrachten Sand vom nördlichsten Punkt, vom Ellenbogen auf Sylt, hier auszuschütten. Das war anfangs unser Plan gewesen. Wir waren in dem Moment aber einfach so glücklich, hier oben angekommen zu sein, dass alle Vorhaben vergessen waren. Aber mitgereist zum südlichsten Punkt war der Sand auf jeden Fall und nun würde er einfach seine neue Heimat in Nils und Johannas Sandkasten bekommen.

Zwar lugte jetzt ab und zu die Sonne durch, aber trotzdem trieben wir zur Eile an. Es war noch eine knappe Stunde Abstieg bis zu unseren Fahrrädern und wir wollten die Kinder nicht zu sehr belasten. Sie mussten schon genug mitmachen heute und lange genug in der Krakse sitzen. Herauslassen konnten wir sie auf diesem rutschigen Weg auf keinen Fall. Glücklich verließen wir den Grenzstein und machten uns auf den Weg hinunter ins Tal. Anstrengend war es schon, aber die Sonne vertrieb die Wolken und machte immer wieder einen wunderschönen Blick ins Tal frei. Zwei Murmeltiere schauten uns verwundert an, als wir an ihnen vorbei stapften.

Bald hatten wir die Holzhütte und unsere Fahrräder erreicht. Hier konnten wir noch einmal kurz verweilen, unsere restliche Brotzeit essen und Flüssigkeit auftanken. Es zog sich allerdings schon wieder etwas zu, so dass wir auch hier nicht lange bleiben konnten. Wieder wurde alles umgepackt und fertig gemacht für die Rückfahrt mit dem Fahrrad. Das Tal hinab ging es schnell. Bald allerdings waren wir komplett durchnässt, da es anfing, wie aus Eimern zu schütten. Ein Glück nur, dass die Kinder warm und trocken im Anhänger saßen. Bis zur Abbiegung nach Einödsbach war es keine halbe Stunde. Eine weitere halbe Stunde kostete uns allerdings auch der Aufstieg zum Gasthof. Hinaufschieben war wohl der bessere Ausdruck. Jetzt hatten wir alle keine Lust mehr, die Kinder fingen an zu nörgeln und wir kämpften uns mit letzten Kräften den Berg hinauf. Aber das war es wert gewesen. Wir hatten genau das richtige Zeitfenster an diesem Tag erwischt um unseren Traum war zu machen: Den Grenzstein 147 am Haldenwanger Eck zu erreichen. Unsere Reise hatte damit ein vollständig erfolgreiches Ende gefunden. Richtig fassen konnten wir es noch nicht. Auch nicht als wir abends nach einer heißen Dusche und einem leckeren Essen beim Bier zusammensaßen. Es würde wohl noch ein bisschen dauern, bis wir das richtig realisieren können.

Grenzstein 147

Ausklang

20.Juni: Einödsbach - Sonnenklause (Hinang)

Berit: "Die Schneefallgrenze liegt heute auf 1800m" berichtete uns der Gastwirt als wir beim Frühstück nach draußen starrten und die schneebedeckten Gipfel sahen. Es goss wie aus Kübeln. "Mein Gott, was hatten wir gestern für ein Glück!" ging uns nur durch den Kopf. "Heute wäre ein Aufstieg zum Haldenwanger Eck komplett unmöglich gewesen. Auch da würde es jetzt schneien.

Viele der anderen Gäste, die für ein Wanderwochenende nach Einödsbach gekommen waren, packten sich und ihre Rucksäcke in dicke Regenjacken und bereiteten sich auf den Abstieg ins Tal vor. "Das hat heute keinen Sinn, hier irgendwo eine Bergtour zu machen!" schüttelte einer unserer Zimmernachbarn den Kopf. "Auch morgen ist kein besseres Wetter gemeldet. Wir gehen zurück nach Oberstdorf." Ihnen taten es viele nach. Uns war es heute alles egal. Wir hatten gestern unser Ziel erreicht und jetzt konnte wettertechnisch gerne die Welt untergehen. Zwar mussten wir auch noch raus in den Regen. Gute zwanzig Kilometer bis Hinang in die Sonnenklause lagen noch vor uns. Da uns dort aber eine heiße Dusche und sogar eine Sauna erwarteten, war das alles halb so schlimm. In der Sonnen-klause würden wir uns noch ein paar Tage ausruhen und mit gutem Essen verwöhnen lassen, bis wir Mitte der nächsten Woche den Zug nach Hause nehmen würden.

Nils durfte den Vormittag noch in der Garage mit dem Trettraktor verbringen, den er am Vortag bei unserer Ankunft mit den Rädern entdeckt hatte. Es genügte ihm völlig, sich in den vier Quadratmetern der Garage hin und herschieben zu lassen. Schließlich waren wir abfahrbereit für unsere letzte Radtour auf dieser Reise.

Ein Genuss wurde sie wahrlich nicht. Klitschnass und halb verfroren kamen wir nach einer scheinbar endlosen Abfahrt in Oberstdorf an. Es wurde ein Akt der Unmöglichkeit, die Kinder aus dem Anhänger zu pulen, da die Finger vor Kälte unbeweglich waren. "Ich brauche eine warme Suppe!" rief ich. Da kam uns der Gasthof in Oberstdorf gerade recht. Wir wurden mit warmem Essen und Getränken versorgt - die Kinder mit Malsachen. Nach einer langen Pause waren wir wieder einigermaßen startklar. "Mir ist irgendwie nicht so gut." klagte ich, als wir wieder losfahren wollten. "Mir ist schlecht und ich fühle mich total schlapp!". "Wir machen langsam!" beruhigte mich Volker. "Es ist nicht mehr weit und dann kannst du dich ganz lange ausruhen!".

Also traten wir wieder in die Pedale. Im gefühlten Schneckentempo ging es den Berg hinauf nach Hinang. "Die letzten Kehren muss ich schieben!" warnte ich Volker vor. "Du kannst mit den Kindern ruhig vorausfahren!". "Du kannst den Gepäckanhänger unten stehen lassen. Den hole ich später!" bot Volker an. Das wollte ich ihm dann aber auch nicht zumuten und wankte Schritt für Schritt, das Rad schiebend, den Berg hinauf. Bald war Volker mit den Kindern nur noch ein kleiner Punkt in der Ferne und hinter den Kehren verschwunden. Als ich dann endlich aus der letzten Kehre vor Erreichen der Sonnenklause trat, sah ich Volker auf mich warten. "Die letzten Meter fahren wir zusammen. Ich möchte, dass wir gemeinsam als Familie unsere Tour beenden!" lächelte er.

Und so erreichten wir nach 1647 Kilometern die Sonnenklause. Der Berghof, der uns gut kannte und der uns schon freudig erwartete. "Dass ihr so schnell da seid, hätten wir nicht erwartet!" begrüßte uns Andrea, die Chefin des Hauses. Seit Volker und ich ein Paar sind, kennen wir Andrea und ihr Team gut und versuchen, mindestens einmal im Jahr hierher zu kommen. Jetzt fühlte es sich an, wie nach Hause zu kommen. Es war unbegreiflich schön, uns hier nach der ganzen Tour ein paar Tage erholen zu können. Hier warteten ein großes Familienzimmer, eine Sauna, ein

Schwimmbad und vor allem hervorragendes Essen aus der Allgäuer Kräuterküche auf uns. "Heute habe ich gemerkt, dass die Anspannung und Anstrengung der letzten Tage von mir abgefallen sind." lachte ich erschöpft. "Fasst hätte ich es nicht mehr hier hinaufgeschafft!"

"Jetzt lasst euch mal von uns verwöhnen!" freute sich Andrea. "Ich habe eure Tour im Internet verfolgt und freue mich wahnsinnig, dass ihr bei uns als Endziel einkehrt. Ich bin gespannt, was ihr uns von der Tour berichtet." Die Kinder waren schon auf dem Kinderspielplatz vor dem Berghof verschwunden, so dass Volker in Ruhe die Taschen ins Zimmer bringen konnte.

Dann saßen wir entspannt bei einem Bierchen auf der Bank beim Spielplatz. "Zwei Monate Elternzeit, eine Wahnsinnstour vom nördlichsten zum südlichsten Punkt Deutschlands: was für ein Glück wir doch haben!". Glücklich schauten wir auf unsere spielenden Kinder und prosteten uns zu. Es würde sicherlich nicht die letzte spannende Reise als Familie sein.

Statistik

Strecke:

- **1644** Kilometer Radweg

- **39 Radtage**

- **104** Stunden im Sattel

- **13.614 Höhenmeter**

- **144** Kilometer Eisenbahn

  (Niebüll - Westerland 2x 39 Kilometer), (Bad

  Oeynhausen - Bielefeld 2x 33 Kilometer)

- **6** Kilometer Fähre

  (Brunsbüttel über Nord-Ostsee-Kanal: 550 Meter,

  Glückstadt - Wischhafen: Elbefähre: 5,2 Kilometer,

  Gierfähren Weser: 2x ca. 100 Meter)

- **20** Kilometer Fußmarsch

- **12** Flüsse: Elbe, Weser, Fulda, Main, fränkische

  Saale, Sinn, Tauber, Sulzach (Feuchtwangen),

  Wörnitz (Dinkelsbühl), Donau, Iller, Stillach

- **5** Bundesländer

- **unzählbare** Spielplätze

Pannenstatistik:

- 1 gerissene Kette

- 1 platter Reifen am Kinderanhänger

Körperliche Blessuren:

- Knieschmerzen, Muskelkater, leichte Schürfung am Gesäß

Jugendherbergen

- Niebüll, List, Husum, Büsum
- Stade, Verden, Petershagen
- Bodenwerder, Höxter, Rotenburg ob der Tauber, Donauwörth

UNSER FAZIT

Reisen sind als Familie einfach so viel besser:

intensiver,

leichter,

ehrlicher,

bunter

und viel lustiger.

Die Menschen öffnen sich schneller und ihre

Herzen.

Den Kindern kann man kaum etwas Besseres

mit auf den Lebensweg geben, als die

Flexibilität und Offenheit, die es beim Reisen

braucht